活躍できる社会人に
なれる教科書

藤好 陽太郎

大学教育出版

は じ め に

　文は人なり、という言葉があります。18世紀のフランスの博物学者・啓蒙思想家のビュフォンが講演の中で述べた有名な一節で、文を読めば書き手の人となりや生き方が分かるという意味です。

　ここで言う「文」ですが、単なる文章ということではなく、styleという言葉が使われています。一義的には文体を指していますし、もっと広く解釈すれば、生き方という意味になります。つまり、文は生き方そのものであり、文の中から、書き手の姿が立ち現れてくるのです。

　大学で学ぶことを決意した皆さんは、学ぶという行程を通じて、独自のスタイル（文体）を手に入れ、ひいては、それぞれの人生の歩き方を身につけるための道に踏みだしたといえるでしょう。学んだことを語り、表現する文体は自らが主体的に追求し、努力して獲得していかねばなりません。

　ところが、今まで当然視されていたこうした学びの在り方は、生成AIの登場によって大きな挑戦にさらされています。プロンプトを入力すれば、AIが瞬時に文章を出力してくれるわけですから、その普及は急速です。ワープロの登場以降、漢字を書けない日本人が随分と増えてきましたが、生成AIばかりを使うことによって、言語を豊かに操るという、人間に進化をもたらした能力は衰退し、やがて退化していくことでしょう。「文は人なり」という格言は空疎に響き、AIが作成した無機質な「文体なき情報」だけが氾濫する時代の到来が現実味を帯びています。

　そうしたディストピアを望まず、人は自分の文体を持つべきだと信じる人は、やはり昔ながらの、いわば古典的な修練を続けるしかありません。「読む、書く、聞く、話す」力の向上に王道はなく、人としての努力を積み重ねることでしか、高いリテラシーは得られないのです。

　本書を執筆された藤好陽太郎教授は、30年間にわたって毎日新聞社の記者を務めていた人です。記者という職業は、読み、書き、聞く技能が問われます。ある問題に行き当たった記者は、これを社会に問わねばならないという意識の下、難解な内容の資料や文献を読み込み、複雑な人の話を聞いて再構築し、読者に伝わるように簡明な文体で記事にまとめるのです。相手の話を深く聞くために、質問の技術も備えていないといけません。書くことの難しさや怖さ、そして楽しさを知っている藤好先生の生きた知見は、大いに役立つこ

とでしょう。

　藤好先生はまた、プレゼンテーションでの学生指導に実績を残されています。聴衆に対して分かりやすく、印象を残す自己表現の技術は今の社会において、かつてなく強く求められています。本書はこの分野でも大切な技法を提供していますから、よく吸収してほしいと思います。

　初年次生の皆さんは、専門分野の学びに向けてテイクオフしなければなりません。自らの「学びのスタイル」を獲得する土台づくりに、本書を活用するよう切望します。

追手門学院大学教授　佐藤伸行

活躍できる社会人になれる教科書

序　章

大学について

　大学は13世紀初頭、西欧で誕生しました。吉見俊哉氏によると、神聖ローマ帝国の皇帝が1158年に北イタリアのボローニャで大学に特許状を与えたのが始まりです。またフランスのパリ大学は教皇の勅書によって作られました。英国のオックスフォード大学もほぼ同時期に生まれました。

　中世には学者の小さなグループがあり、知識欲が旺盛な人々が集まっていました。彼らは都市を移動し遍歴する自由な知識人であり、大学は移動する人同士が結びついたネットワークの拠点として出発しました。彼らは「移動する自由」と「思考の自由」という二重の意味で自由であったといいます。

　学問は、西欧がずっとリードしてきたわけではありません。アリストテレスなどの古代ギリシャの思想は西欧の混乱で失われかけ、イスラムの知識人によって受け継がれます。13世紀まで続いたイスラム帝国のアッバース朝の時代には、バグダッドに「知恵の館」という教育研究機関が作られ、アリストテレスの『形而上学』やプラトンの『国家』など古代ギリシャの著作がアラビア語に翻訳されました。

　その後、アリストテレスの思想は十字軍やレコンキスタ[1]の動きに伴い、アラビア経由で中世のヨーロッパに入り、アラビア語からラテン語に翻訳されました。これがキリスト教の狭い信仰に収まらない壮大な知の渇望と爆発につながりました（吉見、2014）。

　中世のヨーロッパに「知識人」を社会的に形作ったのは大学でした。とはいえ、当時はローマ教皇や教会が大きな力を持っていました。大学は教会や修道院の付属学校とも連携しながら発達し、宗教的な権威、もしく政治的権威に認可される側となりました。

　草創期の大学で扱われていたのは古代ギリシャに始まったリベラル・アーツであり、言語学の3学（文法学、修辞学、弁証法）と事物や数を扱う4学（算術、天文学、音楽、幾何学）が中心でした。これらが基礎で、神学が上位の科目でした。

　17世紀以降、オランダの神学者ヤンセンらによって唱えられたジャンセニスムという

神学のうねりが起こり、ローマ教皇による神学に反旗を翻しました。学問は時間をかけて宗教から解放されていきます。

このように大学は、順調に発展してきたわけでありません。法学や医学、科学などはトップレベルの専門学校が大学より質が高いと考えられている時期がありました。キリスト教はプロテスタントとカトリックに分裂し、大学が自分の言い分だけを主張するようなことも起こりました。

その後、国民国家が拡がると、大学は真理を追究するのではなく、エリート養成機関となり、自由な移動による知の創造は次第に影を潜めます。国家の中に取り込まれることで自由を失い、この時期大学は死んだ、とも指摘されました。

貴族や諸侯などを中心とする支配者や金持ちを除けば、どの国民も貧しかった時代だけに、高等教育はエリート主義でもありました。英国のオックスフォード大学、ケンブリッジ大学、フランスではナポレオン後の大学がこれに当てはまりました。大学に能力と業績で地位を獲得できるメリトクラシー（能力主義）が定着するには時間がかかりました。

歴史の浅い米国は高等教育を大衆化させて、古いヨーロッパを越えることを目指しました。シリコンバレーに人材を輩出することで有名なスタンフォード大学なども作られます。

日本では、欧米列強に対抗するナショナリズムを背景に、幕末から明治にかけて帝国大学が作られました。当初は西欧の出版物を翻訳する機関という色彩が濃かったそうです。財源が不足する中、私立大学も認可されましたが、これら高等教育機関への進学率は1905 年にはわずか 0.9％ でした（Charle ほか、2010）。

第二次大戦後に大学や学生の数は増加し、次第に大衆化していきます。2005 年には日本の大学進学率は 5 割を超えます。ただし、バブル崩壊で長期低迷に入った産業界同様、日本の大学も 1990 年代後半から力が落ち始めたと指摘されます。

文部科学省の科学技術・学術政策研究所が 2023 年に公表した「科学技術指標」によると、日本は 1 年あたりの論文数では世界 5 位でした。しかし、研究者からの引用回数がトップ 10％ に入る「注目論文」の数は、中国が約 29％、米国が約 19％ と両国で世界の約 5 割を占めました。大きく離れて、英国（4.7％）、ドイツ（3.8％）、イタリア（3.6％）、インド（3.2％）と続きます。日本は 2.0％ で 13 位でした。日本は 2000 年代前半までは米国、英国に次いで 3 ～ 4 位でしたが、その後大幅に順位を下げました。

「注目論文」のうち引用数がトップ 1％ の「トップ論文」も 2000 年代前半までは世界 4 位でしたが、12 位に落ち込みました（日本経済新聞、2023）。

背景には国からの大学の運営費に関する交付金を削減してきたことがあると指摘されま

す。ただし 2022 年に政府は総合科学技術・イノベーション会議で大学の研究支援のために創設する 10 兆円ファンド構想の仕組みを決定。文科省は 2023 年 9 月に支援国となる「国際卓越研究大学」の初の候補に東北大を選んだと発表しており、今後の研究力の評価に注目が集まりそうです。

世界トップの大学に目を転じると、米国は大学に入ると一般教養、次に専門科目を学びます。これに対して、英国は入学すると、すぐに専門科目を学びます。

英国の場合、大学（ユニバーシティ）には、複数のカレッジがあります。例えば英オックスフォード大学の場合、約 40 ものカレッジがあります。カレッジでは寝食やスポーツ、クラシックなどの演奏会などを共にしますが、特に 2、3 人の学生に教員一人がつくチュートリアルといわれる個別指導に力が注がれています。最大の関門はエッセー（小論文）です。

1700 年代に創設されたウスターカレッジ卒業生に聞くと、個別指導では、学生が小論文を提出して、チューターの質問を中心に厳しい討論を行います。エッセーは 3000 ワード（単語）で、開講中は課題図書を読み込んだうえで、毎週書かなければなりません。英語の 3000 単語は、日本語なら 6000 字程度に上ります。これにより学生は知識を深めると同時に、事実を積み重ねるアカデミック・ライティングを鍛えていきます。量の多さもさることながら、質の低いエッセーは許されません。内容次第で、厳しい指導がなされ、改善しなければ、懲戒処分や留年となります。

学生時代に深く思考し、書く力を身に付けることで、企業人、公務員、学者を問わず、活躍できる人物を育てる考えがあるそうです。この卒業生は、チューターによるエッセー指導と卒業試験の難しさは、誇りの原点であり、何でも乗り切れる自信がつくと語ります。

同大は、英教育誌「タイムズ・ハイヤー・エデュケーション（THE）」が発表した「2023 年世界大学ランキング」で、7 年連続で 1 位となっています。

一方、日本では、企業は、現場で実践を通して業務知識を学ばせるオン・ザ・ジョブ・トレーニング（OJT）で、長い時間をかけて若手社員を一人前にしていく文化がありました。終身雇用を前提としたもので、日本経済が右肩上がりの時代にはその強みを発揮しました。ところが、日本企業の競争力が揺らぐ中、終身雇用と年功序列はいつまで続くか分かりません。

実際に大企業は、ジョブ型雇用に舵を切りつつあります。これはあらかじめ定められた職務内容（ジョブ）に基づき必要な人材を採用していく制度であり、職務に基づいた仕事やスキルが求められます。もちろん実質的にポテンシャルを重視するメンバーシップ型[2]

の採用は残りますが、これまで以上に即戦力が求められているのは事実です。

　ある大手メーカーの幹部は「これまでは入社後ゆっくり仕事を覚え、数年経って一線で勝負させるのが一般的だった。だが、今はそれが許されなくなっており、新入社員は大変だ」と話します。

　大学時代にどう過ごし、何を学んできたかが厳しく問われる時代といえます。大学に入ったら、目標を明確にして、学ぶことが不可欠になってきたという点で、大学本来の姿に戻りつつあるとも言えます。

注
1)　イスラム教徒の支配するイベリア半島を解放しようとするキリスト教徒の運動のこと。
2)　職務や勤務地など労働条件を限定せず、長期雇用を前提に採用される日本型雇用システムです。

第 1 章

アイスブレイク

　ゼミや授業などを円滑に進行させるため、氷（アイス）のように固まった状態をほぐすのがアイスブレイクです。その場の雰囲気を良くして、目の前の議論や課題に集中させるのが狙いです。

　初めての授業や会議が始まる前は、どんな人がいるのか、何が始まるのか、どうやって振る舞えばよいのかと様々な疑問が浮かぶかもしれません。教室全体が緊張している中、教員が質問しても、なかなか手が挙がりません。

　青木将幸氏は、アイスブレイクについての著書（2014）の中で、通常の自己紹介では会議の緊張がほぐれなかった経験を記しています。ところが、子供のころどんな遊びをしたか絵を描いて解説するよう求めたところ、メンコや爆竹、泥団子づくりなどが出てこれまで硬かった表情が和らいだそうです。

◆ アイスブレイクの目的

　アイスブレイクの目的は緊張を和らげるだけではありません。青木氏は以下のような項目を掲げています。

① 　緊張を和らげる。
② 　みんなの名前を覚える。
③ 　お互いの理解を深める。
④ 　眠気を覚まして集中力を高め、リフレッシュする。
⑤ 　チームワークを高める。
⑥ 　視点やメッセージを伝える。

　またグループ分けなどもアイスブレイクを兼ねて、一工夫できそうです。例えば、その

日の授業や会議のキーワードで班分けをします。地域創生がテーマなら、「ま・ち・お・こ・し」の5つの文字でチームに分けてみるといった具合です。

　アイスブレイクのルールは簡単です。話者に対して笑顔でうなずいたり、拍手をしたりすることを心掛けます。話や説明がうまくできない場合は無理強いしないようにしましょう。

◆ 指示は具体的に

　また、グループワークでは、指示を具体的にすることが大切です。以下のアイスブレイクの自己紹介をイメージしてみてください。自己紹介をしてくださいと言われても、なかなか進めづらいかもしれません。「どのぐらい話せばいいのか」「何を話せばいいのか」と疑問が生じるためです。

　この場合、「教室右手の人から」「時計回りで」「一人1分で」などと具体的に指示をすることが大切です。

◆ アイスブレイクの具体例

（1）　フォーティ・カウント

①　数人のグループに分かれ円陣になります。

②　1から順番に数をかぞえ、好きなところで止めます。

③　隣りの人が続きをかぞえます。

④　最後に40に当たった人が負けとなります。

※スタートをだれにするか、時計回りか反時計回りかを決めて始めます。1人で一気に30以上カウントすることなどを避けるため、「カウントは、1人10まで」などと決めておけばよいです。

（2）　漢字で紹介

①　数人のグループに分かれます。

②　自分の特徴を表した漢字を1分で考えて、紙に書きます。

③　その漢字を使って、自分を1分間でメンバーに説明します。

④　終わったら交代して、別の人が説明します。

※説明の仕方に個性が表れて意外と盛り上がります。

（3）　他己紹介

①　グループに分かれて、二人一組となります。

②　お互いに相手のことを3分ずつ取材します。

③　終わったら、それぞれ相手のことをグループ全員に紹介します。

④　その際に「山田君は実は○○○です」と入れれば、アクセントがつきます。

※質問を工夫して、相手のことを引き出しましょう。

（4）　セブンチェック

①　ペアかグループになります。

②　一人（教員）が以下の7項目を読みます。他の人は白紙に回答を書いていきます。

〈読み上げる内容〉

・いまワクワクしていること

・これまでにいらいらしたり、腹立たしかったりしたこと

・自分が大切にしている価値観

・30年後に自分のことを、子供がどう語るか

・成し遂げたことの中で誇りに思うこと

・もし経済的な心配がなかったらやりたいこと

・自分が尊敬する人の人柄か資質

③　全員ができたら、紙を見せながら自己紹介します。

（5）　サイコロ自己紹介

　グループに分かれて、サイコロを振って出た目の内容を話します。ジャンケンで勝った順でも良いです。

①　時間があったらやりたいことを話してください。

②　ストレス発散法を教えてください。

③　和洋中で好きなものを一品ずつ紹介してください。

④　子供の頃、サンタクロースに何をお願いしていたか話してください。

⑤　スマホの写真を一枚見せて、エピソードを語ってください。

⑥　今後取り組みたいことを話してください。

（６）　共通項探し

①　数人のグループに分かれます。

②　共通項は何か話をしていきます。

③　グループごとに発表していきます。

※②は、住んでいる地域や趣味、得意科目、大切な時間、好きなもの、趣味、生まれた
　　季節など何でもよいです。

（７）　私の取り扱い説明書

①　数人に分かれて、白紙を配ります。

②　名前を書いたら以下のことを書いてください。

　　・得意なこと、苦手なこと

　　・自分の好きなこと

　　・自分の性格……他人から見た自分の良い面と、悪い面

　　・こんな風に言われると嬉しい・悲しい

　　・メンバーへのメッセージ

③　完成したら、お互いの取り扱い説明書を読み、発見を指摘します。

（８）　なりきり自己紹介

①　2人もしくは、数人のグループに分かれます。

②　20年後の夢がかなった自分を想像し、まとめます。

③　20年後、夢がかなった状態で再会したことを想像して、ペアもしくはグループメ
　　ンバーが「久しぶり！ 今何してるの？」と問います。

（９）　Good thing 、Bad thing

①　数人のグループに分かれます。

②　3分間で一週間であった良かったことと、悪かったことを書き出します。

③　グループで意見交換します。

※話す内容、話しぶりに、人となりが表れます。

　会議や授業の主催者は、教室を楽しい空間にするというアイスブレイクの趣旨をしっかりと知らせます。質問や提案をする時は、誰でも緊張します。「こんな質問をして、変な目で見られないだろうか」という壁を取り払うことが大切です。授業の目的に沿った発言なら、間違っていたり、多少ピントがずれたりしていても許されるという安心感を築いてください。学習意欲や活発な議論につながることでしょう。

　江越喜代竹氏は著書で、「育てたい力」として自己肯定感を挙げています。「自己肯定感が育っていると、新しいものごとに挑戦しようとする意欲がわき、前向きな人生を送れるようになります」（江越、2019）。

　ブレーンストーミングやKJ法[1] でも「他者への批判」を原則禁じた方がよいと言われます。批判されるかもしれないという恐怖心を取り除き、お互いにリスペクトすれば、自由に発言できる雰囲気が生み出されるでしょう。

　アイスブレイクは多くの大学や企業が取り入れています。授業や会議の冒頭に毎回短時間行ってもよいです。インターネット上の様々なウェブサイトでも掲示されています。参考にしてみてください。

注
1)　川喜田二郎氏が開発した手法で同氏の名前のイニシャルを取ってこう呼ばれる。断片的な情報を効率的に整理して、アイデアを生み出したり、問題の解決の糸口を探り出したりする手法。

■演習問題に取り組んでください。

演習1　次ページに「4年間の目標シート」を用意しました。

　受験を終えて入学して、ホッとするのも束の間、4年間はあっという間に過ぎ去ります。どう過ごすかはその後の人生も左右します。自分が学生生活に一体何を望んでいるのか、何を達成したいのか整理してみましょう。これまでの自分の歩みを振り返り、人生の棚卸しを兼ねて、書いてみてください。

■4年間の目標シート　　　　　　　　　　名前

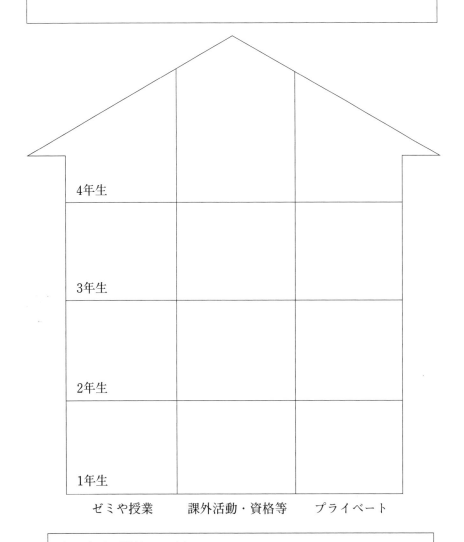

卒業式までにどうなっていたいか？　何を達成したいか？

死ぬときに家族や友人に何と言われたいか？

	ゼミや授業	課外活動・資格等	プライベート
4年生			
3年生			
2年生			
1年生			

今の自分（期待・不安）

進め方

①　各人がワークか宿題として書き込みます。

②　グループに分かれ、1分間で発表して、他のメンバーは質問をします。

演習2 自分の価値観を見つめましょう。

前ページの4年間の目標シートを作成するうえで、皆さんは何を重視したいのか考えてみましょう。自分にとって大切なこと、キーワードを書き出して、関連する内容を以下のように結び付けてみましょう。

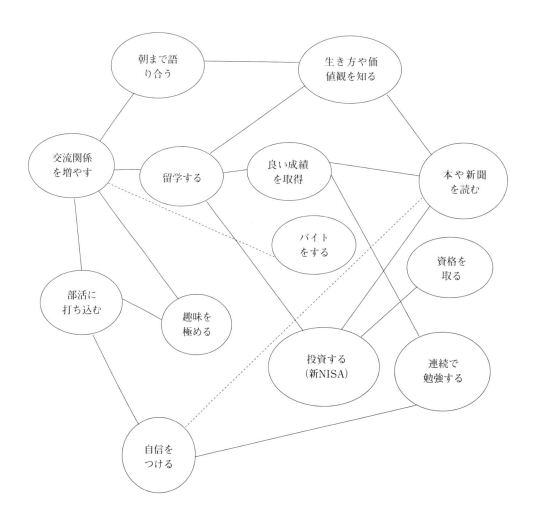

（演習2　書き込み用のページ）

演習3　30歳時点の将来の自分をイメージして以下の空欄に書き込んでみてください。

「取り巻く人々」「家庭生活」「何をしているか」「大切にしていることやもの」「地域での生活」「仕事」「自由な時間」の7項目です（文部科学省、2018）。自分の未来を考えたうえで、それぞれの円の中に自分の将来像を書き込んでください。

グループで討論してみてください。

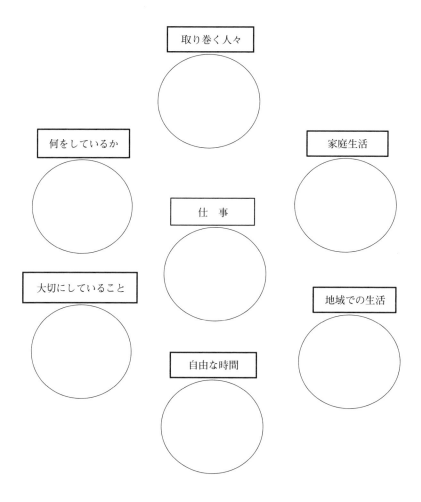

演習4　週間スケジュールを書いてみましょう。

週間スケジュール

※授業、予習復習、部活動、アルバイト、余暇、睡眠などを書いてください。

	月	火	水	木	金	土	日
日	／	／	／	／	／	／	／
時							
5							
6							
7							
8							
9							
10							
11							
12							
13							
14							
15							
16							
17							
18							
19							
20							
21							
22							
23							
24							
1							

第2章
ノート・テイキングの基本

　皆さんが折角授業などで蓄えた知識もそのままにすれば、あっという間に忘れてしまいます。ドイツの心理学者、ヘルマン・エビングハウスは実験で、1時間後に56％を忘れ、1日後には74％忘れるが、繰り返し反復することで記憶が定着することを示しました。記憶するにはノートに取って、復習を繰り返す必要があります（黒木、2019）。

　授業を無駄にしないためのノートですが、後から読み返して理解を深めたり、発見や新しいアイデアに結びつけたりできることが目標となります。

　ノートの取り方は個性が表れやすく、正解はないかもしれません。それでも「後から読み返して、要点がまとまっているノート」が良い、という点では一致するでしょう。まずノートのイメージを具体的なものにするため、メモとの違いを見てみましょう。

◆ メモとノートの違い（上村他、2015）

メモをとる	ノートをとる
日常的に行われている	講義や授業で行われる
＝話の中で大切だと思ったことを	＝大切と思ったことを
書き留める	書き留める
→ 一時的な記憶を補助する	→ 後から見ても理解できる
例：伝言メモや住所、電話番号など	例：いわゆる講義（授業）ノート

　ノートがあれば便利ですが、読み返して理解できなければ意味がありません。話すスピードは1分間に300字とされますが、書くスピードは60字と言われます。授業の形態にもよりますが、すべてを書こうとせずに要点を書き写すことがポイントとなります。

◆ 読み返して分かりやすくするポイント

「要点」を絞ることと、「分かりやすさ」を意識することの2点に注意しましょう。

① 頻出するキーワードに注意します。キーワードを中心に理解を深めながら、同時に
　　ノートを取ります。

② 話の取捨選択が大切です。すでに知っている内容は後回しにしても構いません。

③ 話す内容をなるべく短く区切って、ナンバリングしながら、メモをしていきます。

④ 画数の多い漢字はひらがなで書きます。また記号も活用しましょう。

※「環境」なら、ひらがなで「かんきょう」と書けば時間を省けます。記号については参照なら ref（reference
　の略）などと決めておきます。

　自分で理解しながら、ポイントを書くのは案外難しいことです。初めはついつい書きす
ぎてしまうかもしれません。しかし、暗号電文のように後から自分で読めない文章や文字
になっては元も子もないので、詰め込み過ぎないことです。

◆ 疑問点を記す

　話の中で理解できないところには下線を引いたり、「？」マークを書いたりしておきま
しょう。一知半解にするのは避け、授業後になるべく教員に質問したり、調べたりしてく
ださい。ノートにはそのための欄も空けておきます。理解できない概念なども登場するで
しょうが、別の説明資料の助けを借りるなどして、繰り返し頭に入れましょう。

【要点を聴き取るポイント】（上村他、2015）

・教員が「今日のテーマは……です」と話した場合、必ずノートを取る。

・よく出てくるキーワードは下線を引くなど強調しておく。

・教員が「○○に書いてありますが」と本や人物、新聞について話した場合、メモをし
　て後で調べる。

・「ということは」「つまり」といった言い換えに注意する。
・聞いたことのない言葉が出てきたり、スペリングが分からなかったりした場合、カタカナで書き、後で調べる。

◆ 話者のタイプ

人によって講義の進め方や話し方が違います。
・教科書に沿って公式と演習を繰り返すタイプ
・特定のテーマを深掘りするタイプ
・具体的なエピソードが多いタイプ
・話がうまくて寄り道をするタイプ

上記のように話し手にはクセがあります。また、パワーポイントや板書が見やすいとは限りません。しかも書いてあることが重要なポイントとも言い切れません。

初めて聞く言葉（概念）がいくつか登場すれば、それだけで混乱し、「分からないことが、分からない」となることもあり得ます。

まずは、話し手が強調した部分、つまり要点をしっかり書きとります。寄り道をしたり、話が飛んだりする場合は、講義の中でどこが重要なポイントなのかを意識しながらノートを取りましょう。

【教科書の有無】
・教員が教科書を事前に配布する場合
　教科書に目を通しておくことで、ノートも取りやすくなります。
・教員が当日、プリントなど資料を配布する場合
　事前学習はできませんが、自分なりの補足や疑問を書き込んでおきます。
　→ 穴あけパンチでファイリングしておきましょう。
・資料なしの場合
　内容の理解を最優先させて、要点を書き留めます。

教科書やプリントがある場合は対処しやすいです。プリントは散逸しないように整理しておきます。資料には書かれていない要点や疑問点をノートに書いたり、資料に書き込んだりすることが大切です。資料なしの場合、内容の理解を最優先しながら、記述していきます。

◆ 個人の成長プロセスで整理すると以下のようになります

・中学、高校生

教員が黒板に書いたことをそのまま写す。

※目的　理解と暗記を促す。

・大学

板書やプリントに加えて、教員の言葉を写す。

疑問点や考察を書く。

ポイントを絞るのが望ましい。後からまとめてもよい。

※目的　理解を深め、自らの主体的な考えと行動につなげる。

・できる社会人

大切なことだけをメモする。

※目的　知識や人脈、教養につなげ、業績アップにつなげる。

　それまでのノートやメモ、教科書などと照らし合わせることで、立体的な理解につなげましょう。

◆ 演繹的と帰納的

　具体的な話が多いケースと抽象的な話から入るケースがあります。

　帰納的な話とは、具体的な事例を紹介した後に抽象度の高い話をすることです。例えばビジネスの成功事例をいくつか紹介し、それを踏まえて、他にも通用する抽象化したポイントを示すケースなどが挙げられます。

　これに対して演繹的な話とは、公式や定義を説明してから具体例なケースに降りてくることです。文系科目、理系科目を問わず、公式や定理があり、理解するうえでのポイントとなります。意識しながらノート・テイキングをすることで、自分の頭も整理できます。

◆ 予習の必要性

　テーマについて、ある程度の知識があれば、理解も整理もしやすいです。ところが、初めての話だと、知らない"単語"が頻出して理解が覚束なくなるかもしれません。前提となる知識がないと全体像も把握しづらいです。

　このため予習は必須です。各科目のシラバスを読んで、流れを把握しておきましょう。

資料があらかじめ掲示されていれば、キーワードなどを調べます。また資料がなくても、シラバスの内容を参考にして、下調べして全体像を把握しておけば、問題の在りかが分かり、理解しやすくなります。

◆　暗黙知

　実習や課外活動では、現場に赴くことになります。優れた経営者は、現場にこそ真実がある、と口にします。暗黙知とは経験や勘に基づく知識のことなどを指します。経営者は、こうした現場にこそ技術革新のタネがあることが分かっているのです。

　社会に出ると、現場に行って、情報を得て、まとめて、報告することが求められるようになります。講義と異なり、現場に行くと、ちょっとした会話や動きや音など多様な情報が飛び込んできます。五感のすべてを働かせて、しかもテーマに沿った情報や物事の性質をとらえてまとめる必要があります。

　小中学校時代の工場などの社会見学を思い出してみてください。自動車工場に行っても、ただ眺めているだけでは、「かんばん方式[1]はすごいなあ」といった感想だけで終わってしまいかねません。そのプロセスで、①言語化された情報と暗黙知の双方の感知②的確なメモ ── をしっかりできれば、その後の報告やレポートにつなげやすくなります。

　また現場にいる人に聞けば理解が深まるでしょう。企業の場合、どんな製品・サービスでも、材料の購入、製造プロセスを経て、完成していきます。「こうしないと歩留まり[2]がよくならない」とか「このタイミングで投入しないとおいしくならない」といった暗黙知は見学しただけでは見抜くことはできません。言語化されていない情報は現場の人から聞き出さないと読み取ることはできないのです（斎藤、2020）。

　部活動で球技のシュートや武道の投げ方を教える場合を想像してみてください。「腕の角度が○度で、動かし始めてから○秒後に放す」と話しては、まず伝わりません。模範の

演技を見せたうえで、様々な角度から、比喩（メタファー）も使って説明する必要がある
でしょう。皆さんも体の動きが難しいと感じたことがあると思います。難度にもよります
が、習得する側は、繰り返し取り組まなければ、頭で理解できても体は動いてくれませ
ん。

注
1)　トヨタ自動車の工場などで、在庫を最少にし、必要なものを必要な時に必要な数だけ作るジャスト・イン・
　　タイムを実現するために開発された手法。次の工程に渡す際、この「かんばん」に個数などを書いてやり取り
　　する。
2)　投入した原料に対する完成品の割合。

■演習問題に取り組んでください。

演習 1 　講義ノート

以下を参考にして、自分にとって使いやすいノートを話し合ってください。

日時　　：○月○日 テーマ：○○○○	
授業の講義内容 板書や教員の話	キーワードや 質問、気づき
要約、その他	

演習2 【ノートテイキング実践】

　以下は教員読み上げ用の文章です。**自分で読まずに教員が読むのを聞いて、ポイントを**ノートに取ってみてください。

① 教員は2度読み上げます。

② 一度目は全体を理解しながら、キーワードを書き取ってください。

③ 二度目は250字程度で分かりやすく書いてください。後から理解できるように整理しながら記してください。

▽教員読み上げ用の例文

　脊椎動物の話をします。まずは、ネズミ（マウス）から始めましょう。死に方の分類では野生のマウス、特に小型のものは「食べられて死ぬ」タイプです。いわゆるネズミ（ハツカネズミ）は実験室で飼うと2〜3年生きますが、野生で生きられるのは環境にもよりますが、数カ月からせいぜい1年です。

　ハツカネズミは生後わずか2カ月で成長・成熟し、名前の通り20日間の妊娠期間で4〜5匹の赤ちゃんを出産します。このペースで年に何度も出産します。もし野生のハツカネズミが餌にも恵まれ何年も生き延びたら、町中ネズミだらけになることでしょう。実際にヒトが住まなくなった街で、ネズミが大発生しているのはよく聞く話です。

　「進化が生き物を作った」という観点からハツカネズミの生き方を考えると、彼らの生き残り戦略、つまり結果的に生き残れた理由としては、天敵に食べられて死ぬ確率を減らすために、すばしっこく動くことで逃げ回り、食べられる前にできるだけ早く成熟して、たくさん子供を残すような性質（多様性）を持ったものが生き残ったということになります。

　そのトレードオフ（引き換え）として、小型のネズミは長生きに関わる機能 —— 例えばがんになりにくい抗がん作用や、なるべく長生きできるような抗老化作用に関わる遺伝子の機能を失っていったと考えられます。なぜなら、どうせ食べられて死ぬので、彼らにとって長生きは必要ないのです。そういう意味では後でも出てきますが、ヒトの老化を研究するためにマウスをモデル動物として採用するのは、あまり良くないのかもしれません。つまり、ヒトとマウスの死に方は違うのです。

　ネズミでも、中型や大型になってくると事情は違ってきます。まず寿命ですが、中型のハリネズミ（体長約20センチメートル）の寿命は約10年、大型のビーバー（体長約1メートル）は約20年生きます。体長が大きくなれば寿命も延びるというわけです。これ

ら大型ネズミが長寿になった原因は、もうおわかりのことと思いますが、独特の身を守る形態（ハリネズミの針のような毛）や生活環境の多様化（ビーバーの水上暮らし）により、他の生物から食べられにくくなり、長生きするほうがより子孫を多く残せたからです。

　長寿の性質（多様性）を持った種が多くの子孫を残し、徐々に寿命を延ばしていったわけです。つまり、長寿になるための遺伝子が進化したと言えます。彼らの長寿化は、それを可能にした形態や生活様式の変化に支えられています。そのため、よりとがった毛やより大きなダムを作る能力も同時に進化しました。そういう能力が高いものが生き残り、長寿を達成できたわけです。全ての性質に理由があるのです。こういうところも、生物学の面白いところです。

　かくしてネズミの仲間は、「食べられる死に方」から「寿命を全うする死に方」に変化しました。ただ、他から捕食されなくても、老化して自分で餌が捕れなくなったら死んでしまうので、顕著に身体の能力が低下した老齢期のようなものはありません。ピンピンコロリな死に方です。（小林、2021）

　▽以下にキーワードと二度目の読み上げの際、250字でポイントを書いてください。解答例は巻末にあります。

インタビュー1

「どうすれば集中できるのか」

琉球大学人文社会学部教授・精神科医・空手師範　畠中雄平

　　将来のこと、勉強のこと、家族のこと、彼女・彼氏のこと…。悩みを悩み、やるべきことに集中できない20代は少なくないようです。精神科医にして沖縄空手の師範でもある畠中雄平琉球大学教授は、答えが出ない状態に耐える力が大切と話します。

（聞き手・藤好）

　　—— 気が散って集中できないという学生の声を耳にします。コロナ禍のオンライン授業が影響しているとの指摘もあります。

　畠中先生　人間が本気で集中できる時間は15分程度です。意図的かどうかは別にして、その3倍の45分は高校までのおよその授業時間です。気が散って集中できないのは、人間の本質とも言えます。人類が生き残るには、外界の刺激にアンテナをたて、獣などから身を守らなければならなかったのですから。

　興味深いことに、人は好きなことには夢中になるし、集中力を発揮します。気が散ることは自分のやりたいことではないのかもしれません。

　やるべきことやるためには、場所と時間を決めて、構造化してみるとよいでしょう。ノイズのあるカフェ、静かな図書館など人によって集中できる場所は異なります。必要のないものは一切持ち込まないこと。「コーヒーを飲んだら集中できる」などルーティーンを決めてもよいでしょう。5分、10分のすき間時間を使った方が効率的に取り組めることもあります。

　　—— 嫌なことが頭から離れなかったり、自己嫌悪に陥ったりすることについてはどう向き合うべきでしょうか。

　畠中先生　失敗や嫌なことが頭から離れないのは普通のことです。むしろ自己嫌悪は成長のために必要です。自己嫌悪する自分を嫌悪する必要はありません。今の自分に満足していないということであり、そこには自分を成長させる種があります。

　考えるのをやめようとすることは、いわば嫌なことを反芻している状態であり、余計に離れなくなることがあります。

　「ネガティブ・ケイパビリティ」という言葉があります。英国の詩人ジョン・キーツが

使い、英国の精神医学者であるウィルフレッド・ビオンが再措定した言葉ですが、答えがない状態に耐える力のことをいいます。問題を受け止めて、中途半端な状態で抱えて生きていく力のことです。

　今の学生は探せば答えが出ることに慣れすぎて、答えが出ないことに不安を感じるのかもしれません。しかし、人生や世の中で、答えが出る問題はごく一部です。答えが出ないことの方が圧倒的に多いのです。時間の経過が問題を解決してくれることもあります。自分の中で本当にやりたいことが湧きあがってくるまで「待つ力」も大事です。

　誤解を恐れずに言うと「自己実現」という言葉にも騙されてはいけません。自己は変わっていくし、いつも理想と現実は、ずれているはずなので、簡単には自己は実現しません。逆に自己実現すれば理想は達成されたわけであり、生きている意味がなくなりかねません。自己実現しないで、あがいているから面白いのです。

　── 将来の目標を持てない、やる気が出ないという声も聞かれます。

　畠中先生　目標はあるに越したことはないです。例えば、大学入試でも就職活動でも、頑張って良い所を目指すのはよいです。そこで何ができるのかを考え、次のステップにつながるためです。とはいえ、（資格や就活など）何かのためにする勉強をずっと続けては、辛いでしょうし、いつか窮屈になるのではないでしょうか。

　大切なのは勉強自体の中に、面白さを見いだせるかどうかです。歴史的な背景を考えてみたり、自分の好きなことと結び付けてみたりするのも一手だと思います。

　意欲が湧かないというのは、実はローマ帝国時代のラテン語の文献にもそれがあるような大昔からの青春のありようとも言えます。答えは人に与えられるものではありません。あがいて、つかんでいくしかないのではないでしょうか。

　── 格差が深刻化し、「親ガチャ」という言葉も聞かれます。逆境に負けないマインドを持つにはどうすればよいと思いますか。

　畠中先生　本当に深刻な問題です。残念ながら、格差社会の現状は、個人で解決できる問題ではありません。それは脇に置き、今やれることに全力を尽くすことが大事だと思います。

　逆境に負けてもよいのです。時にへこたれたり、打ちひしがれたりするのは普通です。むしろそちらの方が多いのです。大切なのは、自分で変えられることに心を向けることです。逆境にあるとマイナスの感情が起こります。人を妬んだり、なぜ自分だけがと思ったりしますが、そうした感情は成長の原動力、糧になり得るのです。

　そして、きっかけやチャンスは突然訪れます。準備していた人間だけが気づけるのです。

―― 体に意識を向けるとよいと指摘されています。

畠中先生 一見、単純な動きながら、心を込めないとできない動きが挙げられます。例えば、伝統的武術や茶道、舞踊、能などでしょうか。

森田療法という心理療法では、症状を何とかしようとするほどひどくなるとも指摘されます。散歩や軽作業など体を使って何かをすることが人間にとって大事です。

日常生活にもヒントは溢れています。例えば、禅宗の曹洞宗はあらゆる日常生活が修行だとしています。文豪の幸田露伴は、娘の文に家事などの対象に没入することを教えました。日常のありふれたことでも、心を込めてやれば、いくらでも学ぶことはあるということです。

第**3**章

リーディングの基本

　本章は、新聞の記事や解説記事、レポートなどを読む際の基本の修得を目的とします。2018 年度の文化庁の「国語に関する調査」によると、「憮然として立ち去った」という文章で「憮然」の意味について、「失望してぼんやりとしている様子」と正答した人は 28.1% でした。これに対して「腹を立てている様子」と誤答した人の割合は 56.7% に上りました。その約 10 年前の調査では正答が 17.1%、誤答が 70.8% だったので、誤答が減り、正答は増えてはいますが、なお過半数を占めています。

　文章を正確に理解することは、情報を得るうえでも、相手とコミュニケーションを取るうえでも極めて大切です。リーディングの技術を確かなものにするには、本や新聞を多く読み、辞書を引くことです。回り道はありません。

　とはいえ、何か他に方法はないのかとの声も聞こえてきそうです。ここでは、自然成長性に任せず、上達のプロセスを明示することで、自在に新聞などを読み込めて、知識や知恵を身に付けられるようになってもらいたいと考えます。

　リーディングの技術は、様々な文章を読み込むうえで「武器」となりますが、同時に文章力の向上にもつながります。また、「ノート・テイキング（2章）」で記しましたが、専

門性が高い文章や、難しい文章を読む場合は基礎知識が大切になります。前提となる知識があれば、文章の理解は容易になります。

ここでは文章の種類や構成を学びます。そして次章の「リーディング・応用」では文章の種類や構成を学んだうえで、「文章の正確な意味」の把握など分解練習に取り組み、テクニックを身に付けて行きます。

◆ 文学的文章と説明的文章

文章には文学的文章と説明的文章があります。文学的文章には小説や詩があり、主観的で読者の心を動かすケースが多いです。レポートや論文は、客観的な事実を綴っていく文章であり、後者に入ります。

【文学的文章】文学作品がこれにあたります。心揺さぶられるストーリーがあります。小説の冒頭をみてみましょう。

怪盗紳士リュパンが登場する推理小説『リュパンの告白』（ルブラン、1990）所収の「白鳥の首のエディス」の冒頭は以下のように始まります。

「リュパン。きみはガニマール警部をどう思う」。

興味を引く会話ではありませんか。
もう一つ例を挙げます。歴史小説『坂の上の雲』（司馬、1996）の冒頭です。

「まことに小さな国が、開化期をむかえようとしている」

次を読みたくなるような一文ではありませんか。リュパンシリーズなら、その後殺人事件や、宝が盗まれる事件などが起こります。手に汗握る展開で、最後はどんでん返しも。ストーリーと文体、読ませるテクニックが問われるゆえんです。

【説明的文章】
この教科書は説明的文章を中心に解説していきます。

○説明的文章の種類（上村他、2015）
・事柄の文章　　　説明、報道、解説、報告、記録
・意見　　　　　　論説、評論、感想、随筆
・実用文書　　　　日記、手紙

　作文や日記は、自分の経験を中心とした実用文書です。ここではこれを除いて説明します。説明的文章のうち、本やレポートを読む場合に、何に注目していくのかを見ていきます。

①　テーマと目次
　大切なのは、何について説明している文章なのかをつかむことです。まずは目次に目を通し、何が書いてあるのか大筋を理解します。次に「はじめに」や「序論」、そして「おわり」、海外作品なら「訳者あとがき」を読みます。これらにエキスが詰まっていることが多く、おおよその内容や筆者の主張が理解できます。
　また書評にもぜひ目を通してください。学者や文章のプロが書いていることが多く、本質を指摘してくれているためです。

②　「事実文」と「意見・分析文」
　文章を理解するうえで、どの文章がファクト（事実）に基づいた文章なのか、そしてどの文章が意見や分析に基づいたものなのかを峻別（しゅんべつ）する必要があります。レポートや書評などを書く際に、文章を練ったり、構成を考えたりするうえでも大切です。例えば、「〜にちがいない」「〜の必要がある」「〜ねばならない」といった表現を意識することは、著者の意見や主張を読み取る助けとなります。

③　キーワード
　文章の中で、繰り返されている言葉は、著者の主張と直結します。話題の中心であるため、注意して読んでいきます。

④　接続詞
　接続詞に注意すれば、文章の理解が進みます。次がどんな流れになるかを予想でき、文意の把握が容易になります。
　「しかし」など「逆説」の接続詞がくれば、前の事柄とは反対の内容がくることが予想

できます。流れをとらえるうえで大切であると同時に、文章を論理的に書くうえでも重要です。「なるほど〜。だが〜」「もちろん〜。しかし〜」などは否定形の後が重要部分となります。

　ただし接続詞は使い過ぎると文章の流れが悪くなったり、読みづらくなったりすることがあります。ライティングの際の注意事項なので一言にとどめますが、すべて接続詞を入れると、くどくなるため、使い過ぎには注意が必要です。

⑤　語彙

　言葉の意味を幅広く知ることで、リーディングの力は確実にアップします。普段から辞書を引くことで語彙を増やしていきましょう。また語彙を増やすため辞書を引いたり、多くの文章を読んだりすることで、思考力が鍛えられ、物事を正確につかめるようになります。もちろん言葉の意味が分からなくても、文脈から意味を推測する力も大切です。

⑥　慣用句

　慣用句は日常的に使われています。知るほどに話の内容や文章を細やかに理解できて、豊かな表現力にもつながります。例えば、「あげ足をとる」、「足が出る」などは頻繁に耳にするかもしれません。「糊口をしのぐ」「手を拱く」あたりは、いかがでしょう。分からない時は辞書を引いてみてください。

■演習問題に取り組んでください。

演習1

　以下の文章のうち、事実を記載した「事実文」はどれか。また意見・分析を述べた「意見・分析文」はどれか。文頭の番号ですべて選んでください。※文章は一部修正しています。

　①脱炭素社会の実現を目指し、温室効果ガスの排出を減らす行動を企業や家庭に求める政府の計画案が公表された。②日本は、2030年度までに排出量を13年度に比べて46%削減するという国際公約を掲げる。③そのために、工場などの産業部門は13年度比で37%、家庭部門は66%減らすことを柱に据えた。④省エネルギー性能の高い家電や設備の導入、ビルや住宅の省エネ化に加えて、電気自動車や太陽電池パネル、LED照明の活用などを促している。⑤「脱炭素型ライフスタイル」への転換も求めた。⑥家庭部門の削減率は、16年に策定された現計画の39%から大幅に上積みされ、各部門で最も高く設定された。⑦国民が戸惑うことがないよう、政府は具体的な情報を提供する必要がある。⑧政府は買い替えの支援策を示すべきだ。⑨経営基盤が弱い中小企業に対しても、税制の優遇や補助金など負担の軽減を図る施策を検討することが望まれる。⑩産業界の行動を促すためには、二酸化炭素に値段を付けて、排出した分の費用負担を求める「カーボンプライシング」の導入も有効だろう。⑪家庭や企業の取り組みだけで十分とはいえない。⑫確実に減らすには、発電時の排出がない再生可能エネルギーの割合を高めることも重要だ。⑬30年度まで残された時間は9年しかない。⑭対策の進み具合をチェックし、滞ることがないようにしなければならない。⑮必要に応じて対策を強化し、着実に削減することが求められる。⑯目標達成の成否は、国民、企業、行政が一丸となって意識と行動を変えられるかどうかにかかっている。⑰温暖化への危機感を共有することが何よりも大切だ。

（毎日新聞、2021年）

　　事実文　　　　　（　　　　　　　　　　　　　　　）
　　意見・分析文　　（　　　　　　　　　　　　　　　）

演習2　慣用句など　言葉の意味をチェックして、正しい記号を選んでください。

1. 身を粉にする　　　　　　　　　　　　　　　（　　）

　　A　激しく運動すること　　　B　非常に骨を折ること

　　C　ぶつぶつと不満を漏らすこと

2. 首を長くする　　　　　　　　　　　　　　　（　　）

　　A　相手を観察すること　　　B　相手について感動したこと

　　C　とても待ち遠しい様子

3. 琴線に触れる　　　　　　　　　　　　　　　（　　）

　　A　怒りを買うこと　　　B　素晴らしいものに触れて感銘を受けること

　　C　琴や三味線に触れること

4. 烏合の衆　　　　　　　　　　　　　　　　　（　　）

　　A　黒い衣装の集団　　　B　役に立たない集団

　　C　規律も統制もない集団

5. のっぴきならない　　　　　　　　　　　　　（　　）

　　A　前途を悲観する様子　　　B　追い込まれ進退きわまる様子

　　C　考えがまとまらない様子

6. 舌を巻く　　　　　　　　　　　　　　　　　（　　）

　　A　とても驚き、感心する様子　　　B　料理をおいしく食べている様子

　　C　軽蔑すること

7. しのぎを削る　　　　　　　　　　　　　　　（　　）

　　A　激しく争うこと　　　B　とても苦労すること

　　C　隠れて見えないようにすること

8. 下駄を履かせる　　　　　　　　　　　　　　（　　）

　　A　身長を高く見せること　　　B　決着をつけること

　　C　実際よりも多くみせ上乗せすること

9. 鼻であしらう　　　　　　　　　　　　　　　（　　）

　　A　軽視し、冷淡に扱うこと　　　B　丁寧にあつかうこと

　　C　模様をあしらうこと

10. 二の足を踏む　　　　　　　　　　　　　　　（　　）

　　A　人と同じ失敗を繰り返すこと　　　B　尻込みをすること

　　C　足音を響かせること

（イング、2021）

演習3　副詞　それぞれ正しい記号を選んでください。

1.（多くは下に否定の語を伴って）よく考えずに。ただちに。簡単に。

　　例文「〜引き受けられない」　　　　　　　　　　　　（　　）

　　　A　おいそれとは　　　B　こんりんざい　　　C　おちおち

2.　ことごとく備わっているさま。完全に。詳細に。　　　（　　）

　　　A　こもごも　　　　　B　つぶさに　　　　　C　さしずめ

3.　巧みに言い抜けをするさま。知って知らない風をするさま　　（　　）

　　　A　めっぽう　　　　　B　ぬけぬけと　　　　C　おめおめと

4.　おびただしく、はなはだ、よほど　　　　　　　　　（　　）

　　　A　よしんば　　　　　B　なまじ　　　　　　C　すこぶる

演習4　接続詞

　以下の言葉が持つ役割を述べているものとして、ふさわしいものを下の記号から選んでください。

①だから・そして　　（　　）　　⑥または　　　　　　（　　　）

②しかし・けれども　（　　）　　⑦なぜなら・ただし　（　　　）

③および　　　　　　（　　）　　⑧すなわち・つまり　（　　　）

④しかも　　　　　　（　　）　　⑨例えば　　　　　　（　　　）

⑤一方　　　　　　　（　　）　　⑩ところで・さて　　（　　　）

　　　　　　　　　　　　　　　　　　　　　　　　（イング、2021）

　A　対比……前の事柄と後ろの事柄とを比べる場合

　B　選択……前の事柄と後ろの事柄のどちらか一方を選択する場合

　C　例示……前の事柄について、例を挙げて説明する場合

　D　言い換え……前の事柄について、別の言い方で繰り返す場合

　E　話題転換……前の事柄とは別の話題に変える場合

　F　順接……前の事柄が原因・理由となり、その順当な結果が続く場合

　G　逆説……前の事柄から類推される結果とは逆の結果が続く場合

　H　並列……2つ以上の項目や要素を並べて述べる場合

　I　添加……前の事柄に、後の事柄を付け加える場合。累加ともいう

J 理由・原因……事柄の原因などを後で説明する場合

演習5 接続詞　以下の（A）（B）（C）に入る接続詞は何かをそれぞれ選んで答えてください。

① 「僕はいわゆる戦争志向のライターになりたくなかった。（A）、戦争を商売にしたくなかった。いくら戦闘について書き続けようと、それは結局、戦闘についてただ書くことの繰り返しにすぎない」（青木、2021）。

※ニューズウィーク日本版に掲載された米著名作家でジャーナリストの故ピート・ハミル氏がベトナム戦争について語った言葉です。

　1．しかし　　　　2．ところで　　　　　3．つまり

② 日本の自動車メーカーの生産台数に占める電気自動車の割合は高まっている。（B）、欧州の先進国の割合に比べると総じて低い。

　1．すなわち　　　2．しかし　　　　　　3．なぜなら

③ 彼らは大学日本一を目指して毎日5時間の猛稽古を続けた。（C）、アクシデントに見舞われ、予選で敗退した。

　1．だから　　　　2．にもかかわらず　　3．または

※参考
【主な接続詞】

順接：「それで」「それゆえに」「だから」「したがって」「すると」「それでは」

逆接：「だが」「しかし」「けれども」「逆に」「にもかかわらず」「それに対して」

並列：「また」「ならびに」「および」「かつ」

添加：「さらに」「そのうえ」「加えて」「しかも」

補足：「ただ」「なお」「もっとも」「ただし」

説明・言い換え・要約：「すなわち」「つまり」「言い換えれば」「要するに」

理由・原因：「なぜなら」「というのも（は）」「…ゆえに」「…によって」「…のせいで」

仮定・条件：「仮に…」「もしも」「…ならば」「…だとすれば」

第4章

リーディングの応用

　本章では、説明的文章を中心に文意を適切に読み取る技術を習得します。文章を読む場合、1回目はスキミング（すくい読み）で、2回目はクリティカル・リーディング（分析読み）で精読していきます。これら以外にも特定の情報を探す読み方もあります。これらをやや詳しく見ていきます。また、文章を的確に読み取るために文章の要約にも取り組みます。

　新井紀子氏は、前述の著書で、全国2万5,000人を対象にした読解力調査の結果、「進学率100%の進学校でも、内容理解を要する読解問題の正答率は50%強程度である」といいます。日本の中高生の読解力は危機的であり、「その多くは中学校の教科書の記述を正確に読み取ること」ができていないと指摘。そのことは、多くの日本人の読解力もまた危機的な状況にあることを示している、といいます。

　それでも、いくつになっても読解力は向上するとの仮説を提示し、自ら教育された学生のことを記しています。

　皆さんの周囲を見渡しても、本やレポートの内容や本質を的確に指摘できる人と、そうでない人がいるのではないでしょうか。内容をしっかり把握しようと意識するかしないかで、力の付き方は大きく変わります。

　ではレポートや論文の読み方を見ていきましょう。

◆ 読み方

- ・スキミング（すくい読み）
- ・スキャニング（探索読み）
- ・クリティカル・リーディング（分析読み）

・スキミングで流れをつかむ

　skim（すくいとる）という英単語からきています。大まかな内容や要点を素早く把握します。ざっと斜め読みすることで、どのような種類の文章か、どのようなことが書いてあるのか、一体どのぐらい難しいのかを把握します。つまり下読みです。目次やあとがきなども読んでみましょう。

・スキャニングは狙いを定める

　キーワードや探したい情報がある場合、その単語や情報だけを探して、素早く読む方法です。

・クリティカル・リーディング

　以上を踏まえての精読です。メモをしたり、キーワードに線を引いたりするなどして、しっかり読みます。筆者はなぜ、そのような文章を書いているのか考えてみることが大切です。そのうえで、自分なりの批判や意見が言えるようにしましょう。

　マーキングや付箋には、①意識して理解度を高める②読み返しの際にマーキング部分を拾い読みする —— などして文章理解の効率を高める意味があります。

◆ 文章の構成

レポートや新聞に的を絞ると、多くの文章の構成は以下のようになっています。

1.「序論 → 本論 → 結論」
2.「結論 → 理由 → 例示 → 結論」

　1はレポートで典型的な事例です。文字数の多いレポートや論文になると以下のような構図になります。

　「全体＞いくつかの章＞いくつかの節＞段落（パラグラフ）＞文章」

　2は新聞が当てはまります。まず結論から書きだしているのが特徴です。こうした特性を踏まえて、読んでみましょう。

■注意すべき要素

　キーワード、キーセンテンス、段落（パラグラフ）、接続詞、専門用語のチェック

「キーワード、キーセンテンス」

　大切なのは文章の「キーワード」や「キーセンテンス」です。著者が主張したい言葉は何度か出てくるので、読みながらマーキングするか付箋を貼ってみましょう。初めはたくさん選んでしまうかもしれません。

　また、大切なところは、ページ数と概要をノートに書いておけば、後から理解したりまとめたりしやすくなります。

「段落（パラグラフ）」

　長い文章を、内容を基にいくつかに分けた区切りのことです。1つの段落で盛り込める内容は1つです。段落全体を一文で表しているのが「トピック・センテンス」です。他の文章は、トピック・センテンスの具体的な内容や背景説明、言い換えとなります。段落を一文に要約してみることを意識することで、読解力の向上につながります。

「接続詞」

前章でも取り上げましたが、接続詞に注意することは、文章を理解することを助けてくれます。次がどんな流れになるかを予想し、文意の把握に役立てましょう。

「専門用語など」

分からない言葉があった場合、国語辞典で調べます。オンラインの辞書でもよいです。専門用語は用語辞典が手元にあると便利です。基本書や入門編では様々な専門用語について、説明しているケースが多いと思われます。

説明がない場合は専門用語辞典で調べてみます。例えば、経済紙を含めた新聞の経済欄を読みこなそうと思えば、各種の「経済用語」辞典がお勧めです。一つ一つすべて調べていくと、読む気力が削がれかねないので、絞り込んで調べてみるのも良いでしょう。

「意見や感想」

心に残った文章を書き出し、理由を書いてみましょう。また自分ならどうするか考えてみましょう。

◆ リーディングまとめ（具体的な流れ）

1回目　スキミングでおおまかな内容をつかみます。

2回目　クリティカル・リーディングで正確に読みます。

　　　　・段落（パラグラフ）で言いたいことは1つです。

　　　　・キーセンテンスと、その中にあるキーワードを見つけます。

　　　　・接続詞に注意します。

　　　　・時事用語や専門用語を調べます。

■演習問題に取り組んでください。

演習1　「例文1」と「例文2」を読んでください。同じ内容か、異なるか答えてください。そのように解答した理由も書いてください。

・例文1

　「2016年に英国の国民投票でEU（欧州連合）離脱が決定され、アジア太平洋地域など経済成長が著しい地域を重視したり、各国と貿易協定を結んだりするグローバルブリテンが2021年から本格推進された」

・例文2

　「2016年に英国の国民投票でEU（欧州連合）離脱が決まり、アジア太平洋地域など経済成長が著しい地域を重視するようになり、2021年には各国と貿易協定などを結ぶグローバルブリテンが推進された」

1.　同じ　　2.　異なる

理由を書いてください

演習2　推論の例題

次の文を読んでください。

エベレストは世界で最も高い山である。

上の文章が正しい時、以下の文の内容は正しいですか。その下の3つのうちから選んでください。

マナスル山はエベレストより低い。

　1.　間違っている　　2.　正しい　　3.　どちらとも言えない

演習3 次の文を読んでください。

　Alex は男性にも女性にも使われる名前で、女性の名 Alexandra の愛称だが、男性の名 Alexander の愛称でもある。

　上の文章を踏まえて、以下の文中の空欄にあてはまる最も適当なものを選択肢のうちから 1 つだけ選んでください。
　Alexandra の愛称は（　　　）である。

1. Alex　　2. Alexander　　3. 男性　　4. 女性

（新井、2018）

演習4 グラフの読み取り

　以下の文章を読み、4 つのグラフのうち、あてはまるグラフをすべて選んでください（日本経済新聞、2021）。

　私の貯金総額は 12 歳から毎年、増えている。
※ここでは毎年の貯金は、収入から支出を差し引いたものとする。貯金総額は毎年の貯金を足したものとする。

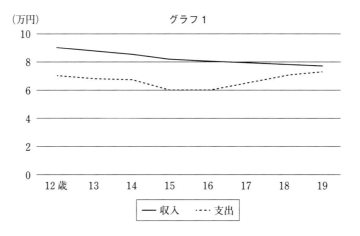

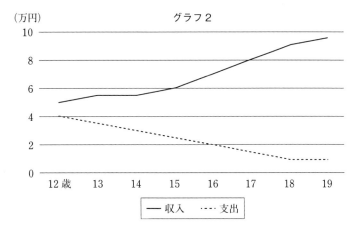

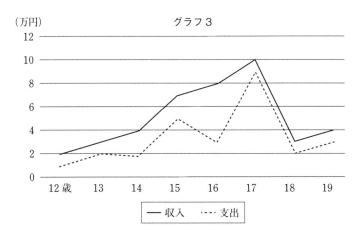

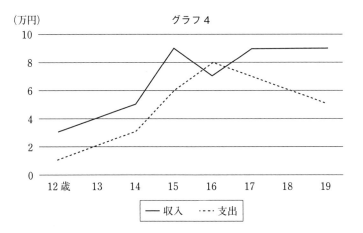

演習5 以下の文章を読んだうえで、設問に答えてください。

設問1 この文にタイトルをつけてください。
設問2 キーワードを選んでください。
設問3 400字前後で要約をつくってください。

　未来における変革を生み出す、現在の社会に潜在する力。このような発想は、現在でもみられます。最もよく知られている例は、アメリカ大統領であったバラク・オバマの掲げた「希望」でしょう。

　無名の若手上院議員にすぎなかったオバマが一躍、全米的な知名度を獲得したのは、2004年の民主党党大会における基調演説です。この演説のタイトルは「大胆不敵な希望」（The Audacity of Hope）でした。あるいはむしろ「（現在の状況において）希望を語る大胆不敵さ」と訳すべきでしょうか。いずれにせよ自らの反時代性を自覚しつつ、それでもあえて希望を語ろうとするオバマの姿勢を示したものでした。オバマは同じタイトルで本を執筆し、08年大統領選に勝利します。

　この本のなかでオバマは、「希望」が「安易な楽観主義」（blind optimism）とは区別されるものであることを、繰り返し強調しています。何か未来にいいことが起こりそうだとか、ともかく明るく前向きにやっていくべきだという精神論とオバマは一線を画そうとしたのです。

　それでは、オバマのいう「希望」と「安易な楽観主義」とはどこが異なるのでしょうか。オバマはむしろ、厳しい現状を「耐える」ことを強調します。希望は目に見えるものではありません。何らかの証明をすることも不可能です。しかし、人々がそのような希望を信じ、苦難を耐え、働き、戦うことではじめて変革は可能になるとオバマは説きます。

　このようなオバマの語り口は、ある意味で、キリスト教における救済を想像させるものがあります。しかしながら、オバマが強調するのはあくまで政治と民主主義の未来です。政治や民主主義とは、「私たちのなかにすでにある」（オバマ）ものを、すなわち私たちが潜在的に希望しているものを、言葉を通じて可視化し、人々の力を結集することで社会を変革していくことです。その意味で、政治や民主主義には「希望」が不可欠であるとオバマは説きました。

　もちろん、現実のオバマ政権は、アメリカ政治を分断する左右のイデオロギー対立に苦しみ続けました。めざした国民皆保険制度、いわゆるオバマ・ケアも、決して思ったような形では実現しませんでした。オバマはこの制度を、アメリカ社会における信頼の基礎と

しようとしましたが、その道のりは険しいといわざるをえません。外交にしても、孤立主義の色を深めるアメリカの現状と、国際秩序において果たすべき役割の矛盾を最後まで乗り越えることができませんでした。

　期待が高かっただけに失望も大きく、そのような失望が、あるいは2016年の大統領選におけるドナルド・トランプの勝利の一因になったのかもしれません。にもかかわらず、分断の時代であるからこそ、そして明確な未来像が示しにくい時代だからこそ、政治と民主主義に「希望」が不可欠である。このように説き続けたオバマのメッセージは、オバマ政権が終わったあとにおいてこそ、意味をもってくるはずです。（井出他、2017）

46

解答欄

設問 1

設問 2

設問 3

第5章
情報収集の方法 ── 新聞の読み方など

　情報の収集先は、新聞や雑誌、テレビ、本、レポート、論文、そしてインターネット上の情報と多岐にわたります。ネットには情報は溢れていますが、中央省庁の統計など正確な情報から、真贋（しんがん）の見極めが難しい未確認情報まで玉石混交です。

　新聞は日々移り変わるニュースを載せています。信頼度の高さに加えて、手軽に情報収集できます。速報性ではウェブニュースやテレビが新聞を上回ります。

　次に雑誌ですが、物事が起こってから発売までに1週間前後かかります。雑誌の内容によるので一概には言えませんが、背景取材が行き届き、全体を俯瞰（ふかん）していることが多いです。例えば週刊経済誌の場合、コロナ感染症のワクチン開発をめぐる製薬業界の対応などをいち早く特集にして発売していました。

　月刊誌や季刊誌はさらに時間かかりますが、体系立てて書いているケースが多いです。また学術雑誌などもこのようなタイムスパンであり、エビデンス[1] を大切にしているのが特徴です。

　様々な角度から体系立てて書かれているのが本です。10万字以上の文章を読んでもらうため、工夫が凝らされていますが、新聞や雑誌に比べると出版されるまでに時間がかか

ります。

日本新聞協会によると、一般紙とスポーツ紙を合算した部数は2003年の5,287万部から激減、23年には2,859万部と3,000万部を割り込みました。地方紙の中には夕刊を廃止したところも目立ちます。全国紙でも産経が2002年に廃止したほか、朝日と毎日が東海3県で2023年4月から夕刊を休止しました。

それでも総務省の令和3年（2021年）版「情報通信白書」のうち、信頼できるメディアを訪ねた調査によると、「信頼できる」は新聞（61.2%）がトップです。次いでテレビ（53.8%）、ラジオ（50.9%）となっており、同白書は「マスメディアに対する信頼性が高い」と評価しています。

テレビに比べると新聞の信頼度はかなり高いですが、NHKを民法と分けている新聞通信調査会の2023年の調査によると、NHKが67.0点でトップ。新聞（66.5点）をわずかに上回っています。

これに対して、同白書によると、「信用できない」は、「掲示板やフォーラム」（44.9%）、「動画投稿・共有サイト」（31.0%）、さらに「ブログ等その他のサイト」や「SNS」が高くなっています。「ユーザー自身が投稿できるものは信頼が低くなっている」と記しています。

ウェブであっても、「専門情報サイト」については、「信頼できる」が45.3%に上り、「ポータルサイトやソーシャルメディアによるニュース配信」も41.8%に上ります。

若年層を中心に、ウェブニュースや専門情報サイトの利用や信頼度がアップしてきています。それでも、既存メディアの信頼度はなお高いです。

本章では、新聞や雑誌などメディア別の特性を見ていきます。そのうえで、まず新聞の読み方をやや詳しく解説し、どのように事実を調べていくかを見ていきます。

新聞や雑誌、本を調べることは、公立図書館や大学図書館でできます。さらに必要な情報が欲しい場合には、テーマをよく知る人に聞いてみるのも良いでしょう。

上述した情報の鮮度などの特徴を表にすると、次のようになります。

◆ 【情報の鮮度順　メディア】

速報	ウェブニュース	ヤフージャパン、グーグルニュースなど
	テレビ	
1日後	新聞	全国紙、ブロック・地方紙
		新聞社のサイト、テレコンなど
1週間後	週刊誌	経済誌、週刊誌
		出版社・書店のサイト
1カ月後	学術雑誌	CiNii（国立情報学研究所）、国立国会図書館
数か月後	本	新着マップ（新書ガイド）、OPAC（オンライン蔵書目録）
1年後	白書など	政府が本を刊行（ウェブにも掲示）

（矢印）早い → 体系的

◆ 【メディアの種類】

・一般紙と地方紙

5大紙	朝日新聞、毎日新聞、読売新聞、産経新聞、日本経済新聞
ブロック紙	北海道新聞、西日本新聞、中日新聞、河北新報、中国新聞
地方紙	信濃毎日新聞、京都新聞、琉球新報など

※ブロック紙と地方紙で120以上

・通信社	共同通信、時事通信
・専門紙・業界紙	繊維ニュース、電気新聞、交通新聞、ニッキンなど
・スポーツ紙	スポニチ、日刊スポーツなど
・テレビ	全国放送の民法と地方の放送局及びNHK
・雑誌	東洋経済やエコノミスト、日経ビジネス、AERA、週刊文春
・本や論文	
・ウェブ	ヤフーニュース、グーグルニュース、既存メディアのウェブ版
・海外の新聞	米ニューヨーク・タイムズ紙、米ワシントンポスト紙、英タイムズ紙、仏ル・フィガロ紙、独フランクフルター・アルゲマイネ・ツァイトゥング紙など
・テレビ	英BBC放送、米CNNテレビなど

◆【メディアごとの特徴】

▽新聞

日々のニュースの詳細がつかめます。新聞社や通信社は人員とお金をかけて、取材と事実確認を行っています。政治や経済、社会、国際報道などを網羅しているだけでなく、新たなニュース（特ダネ）の出所である場合も少なくありません。

特ダネは2種類あり、事件や企業の合併などいずれ発表されるニュースをいち早く報道するケースと、時間をかけてニュースを発掘する調査報道に分かれます。

・どのように読むのか

新聞をめくって「見出し」を中心に拾い読みをすると、国内外で何が起こっているのかを把握できます。興味のある記事は「前文[2]」を読めば、内容をおおまかに理解できます。新聞の通常の記事は、結論から書かれています。つまり最も言いたいことは、前文に詰め込まれてます。

詳しく知りたい場合は全文を読みましょう。また新聞によって主張が異なるため、二紙読んでみると深掘りできます。

すぐに専門紙を読むのはハードルが高いかもしれません。「日ごろから一般紙を読んでいない人が、いきなり日本経済新聞（などの専門紙）を読もうとしてもこれはハードルが高すぎる」（池上・佐藤、2016）ため、まずは朝日、毎日、読売といった一般紙に目を通すことをお勧めします。

・「本記」と、「受け」や「解説」

「本記」と「受け」という言い方があります。大きなニュースが発生した場合、新聞の題字[3]がある1面に「本記」を配置しています。本記とは読んで字のごとく、5W1Hを中心とした事実です。これに対して、2面、3面や社会面[4]で展開する「受け」は、事件の背景や解説、真相となります。

2016年に台湾の鴻海精密工業がシャープを買収したケースで考えてみましょう。シャープが台湾企業に買収されることになった事実、台湾企業やシャープの発表内容などが1面に掲載される「本記」となります。

各紙ともに2面以下の「受け」や「解説」には、台湾企業が買収する狙い、シャープの経営体力が弱っていたことなどが書かれました。さらに台湾企業はこう発言しているが真の狙いはこうだ、といった形で真相を掘り進め、専門家の話なども掲載されました。

・新聞を読む意義

　評論家の佐藤優氏や池上彰氏は新聞を読むことを勧めています。①世の中のリアルな情報を知るには新聞を読むことが不可欠である②ヤフーニュースなどニュースサイトやSNSなどの掲載記事は元をたどると、一次情報は新聞というケースが非常に多い ── と指摘しています（佐藤・池上、2016）。記者は情報が正しいかどうか裏付けを取る訓練をされています。ただ、特ダネには、後日状況が変わり、結果的に誤報となるケースもあります。

　例えば大企業の社長人事を考えてみましょう。①次期社長を決める現社長（もしくは会長）が報道を見て、変えるケース②根回しが十分ではなく反対派が潰しにかかるケース ── などが過去にもありました。

　経済取材では、人事と企業合併、企業の破綻（倒産）は経営トップがウソをついても許されるという暗黙の了解があったほどです。複数紙をチェックすれば間違いありません。

・締め切り時間など

　新聞の朝刊を見ると、上部の欄外に12版、13版、14版などと数字が掲載されています。数字が小さいほど本社から離れた地方向けです。輸送時間がかかるため、締め切り時間も早いのです。一方、数字が大きい新聞は東京や大阪などの近郊に配布されているため、締め切り時間が遅いです。

　各社は、締め切りギリギリにとっておきの特ダネ記事を1面トップ（右肩）に放ちます。新聞社や通信社、テレビのメディア間だけではなく、新聞社内の競争も激しいです。例えば経済部は企業の合併記事や倒産記事、社会部は調査報道の特ダネなどを深夜、締め切り間際に出稿することがあります。

　ただし、ヤフーニュースなどの視聴率が上がり、新聞の部数が減っていく中、状況は大きく変わってきています。特ダネも新聞の締め切りを待つのでなく、その都度ウェブ版に流される「ウェブ・ファースト」の時代となりました。従来、記者は政治を担当する政治部や、企業や霞が関 [5] を取材する経済部、事件やこぼれ話を記事にする社会部、海外について様々な報道をする国際部などを中心に配置されていました。

・新聞やテレビ局の編集局の主な組織

政治部　永田町、つまり国会議員や首相を中心とした政府を主に取材する。

経済部　霞が関、つまり中央官庁や民間企業を中心に取材する。

社会部　検察や警察などへの取材のほか、調査報道などを行う。

国際部　特派員が海外で起こっている事件や出来事を取材する。

運動部　プロ野球やサッカーなど運動全般の取材をする。

　ウェブ・ファーストの時代となった現在は、ウェブ記事を配信する部署に人員が手厚く配置されるようになりました。ニュースもまずウェブ版に流します。また、これまで以上に表に出てきづらい事実を発掘して報道する調査報道に力を入れたり、背景や真相を調べた原稿を増やしたりしています。

◆ 経済誌

　次に経済誌を見ていきます。週刊ダイヤモンド、週刊東洋経済、週刊日経ビジネス、週刊エコノミストなどが特色を出して、覇を競っています。パナソニックやトヨタなど個別企業について、グラフやデータを満載した 10 ページ近い特集記事を掲載することも珍しくありません。個別企業のみならず、業界、年金や保険など特定のテーマについても特集を組んでいます。新聞以上に詳細な情報が得られます。大きな事件が起こった場合に本が出版されるより早く記事が掲載されるのも強みです。

　新聞は日々のニュースを詳細に報じる一方で、日々の報道が細かすぎて全体像がつかみづらくなることがあると指摘されますが、これを補ってくれます。

　いずれにせよ新聞や雑誌で経済社会の現状や動きを知ることは、社会人には不可欠ですし、就職活動などの大学生にとっての"出口戦略"にも役に立ちます。自在に活用しない手はありません。

◆ 海外メディア

　国際情勢、または海外の日本に対する見方を知りたい場合は、新聞の国際面があります。ただし日本の新聞は新聞全体に占める海外報道の割合が少なめです。

　これについては、英字紙やテレビが役立ちます。例えば英 BBC 放送や米 CNN テレビは一部を無料で見られます。また、例えばインターネット上の「BBC ニュース」では、英 BBC 放送の一部を日本語で見ることができます。米国なら「ニューヨーク・タイムズ」や「ワシントンポスト」、英国なら「タイムズ」や「ガーディアン」などの新聞があります。ウェブ版で一部を無料で読むことができます。公立の図書館でも英字紙を置いているところがあります。

　米週刊誌「ニューズウィーク日本版」のように日本語で読めるものも多いのでぜひ手に取ってみて下さい。

◆ ネットメディア

▽ヤフーニュース

ニュースサイトのヤフーニュースは、大手新聞社の記者なども採用しているうえ、独自ニュースも流しています。またニュースのアクセスランキングなども掲示しており、ウェブならではの強みを発揮しています。コメントなども数多く掲載されているのが特徴でしょう。

ウェブ情報について、筆者が 2021 年 8 月にヤフーニュースのトップ 10 本の記事をチェックしたところ、6 本が新聞、通信社、スポーツ紙でした。グーグルニュースの出所も多くが既存メディアでした。グーグルやアマゾンなど GAFA がプラットフォーマーとして、一社総取りする力学については、ニュースの世界にも容赦なく働いていると言えます。

▽ News Picks（ニューズピックス）

ソーシャル型オンライン経済メディアであり、アプリで読めます。新聞や通信社などメディアの経済ニュースを配信。同時に有識者がコメントを出すため、ニュースの意味付けや多様な視点が的確にわかることがあります。一線の経営者も登壇します。

グラフィック（図解）を用いたオリジナル記事や脱炭素をめぐる最新の動画なども配信しています。元大手新聞や経済誌の記者も採用しており、新たな経済事象をどう読み解くか知りたい場合にはチェックしてみることを勧めます。

▽全般的なネット情報

メディア別に情報を得る方法を調べてきました。ここでは、そのほかのネット上の情報について見ていきます。

・中央省庁や企業などのウェブサイト

厚生労働省や国土交通省、外務省など中央省庁や、都道府県・市町村など自治体の公式サイトには、白書や発表・統計資料、会見の記録などが公開されています。資料の原文が見られます。

また企業情報を得る場合は、企業や業界のウェブが参考になります。「中期経営計画」には、その企業の今後の計画が、「有価証券報告書」には事業から財務の状況まで多岐にわたる情報が盛り込まれています。有価証券報告書は「エディネット」と検索すれば、閲覧サイトが出てきます。

　繰り返しになりますが、出所不明の情報は正確性に欠けることが少なくありません。意図的なウソを流しているケースもあります。事実かどうかを見分けるには、原典にあたることが大切です。

　・学術論文

　専門書や学術論文は信頼性が高いです。以下は日本の論文が探せるサイトです。雑誌なども掲載されています。レポートや論文の参考文献を探すのに役立ちます。

CiNii（国立情報学研究所）　https://ci.nii.ac.jp/

　・出典を明示しているサイト

　出典が明示されているサイトは信頼性が高いと言えます。ただし、その出典に正確性や信頼性はあるのか気にかけておく必要があります。レポートや論文を書く場合にも参考文献の質がものをいいます。

◆ 図書館などの使い方

　・図書館

　大学生になったら大学の図書館にぜひ足を運んでください。新聞は公立を含めて、ほとんどの図書館に置いてあります。過去の新聞も読むことができます。同じ日の新聞をいくつか比べてみるとよいでしょう。

　「図書館法」には、「図書、記録その他必要な資料を収集し、整理し、保存して一般公衆の利用に供し、その教養、調査研究、レクリエーション等に資することを目的とする施設」と書かれています。

　国立や公共、大学、専門など図書館の種類を問わず、雑誌や本を含めて、設置されている機器で蔵書をキーワード検索できます。また図書の閲覧や貸し出しのほか、探し方については、レファレンス担当の図書館員が教えてくれます。たくさん質問して本を借りてみましょう。また視聴覚資料の貸し出しや地域に関する情報の提供、学習の支援やお話会などのイベントなどを行っている図書館もあります。

　当該図書館になくても、相互利用で他の大学図書館や公共図書館、国立国会図書館などから借りることができます。

　また複写サービスもあります。ただし相互利用と複写は有料です。また複写は著作権で、著作物の全体の半分までといった決まりがあります。当日の新聞も複写できません。

　図書館の使い方を整理すると以下のようになります。

・本棚を探します。
・もしくは手持ちのパソコンかスマホでオンライン検索します。
　　※図書館の検索機器での検索でもよいです。
・読みたい本がある場合、担当職員に聞いてみます。
・ない場合は他の図書館にないか調べたり、尋ねたりします。
・必要に応じて取り寄せたり、複写サービスを使ったりします。

　また海外の新聞や雑誌は、取り上げるテーマから主張まで個性を競っています。関心がある方は、図書館で米ニューヨーク・タイムズ紙や英タイムズ紙などをぜひ手にしてみてください。

　図書館は、評価の定まった本が置いてあるケースが多いです。古今東西の本との出会いがあるかもしれません。評価の定まったという意味では、「死んだ本」が置いてある場所とも言えます（石原、2006）。

　図書館には「良書」のみならず、自分にとって関心がない本、様々な雑誌や資料なども多く、むしろこのような書籍との出会いを楽しんでもよいでしょう。

・大型書店

このため、生きた本が置いてある本屋にも行ってみましょう。ただし町の本屋に置いてあるのはベストセラーや雑誌、文庫本です。これに対して、大型書店にはベストセラーから専門書まで様々な本が置いてあります。見出しを眺めたり、本の目次を見たりすれば、楽しめるうえ、新しい発想や気づきにつながります。

・追手門学院大学のケース

50万冊を超す蔵書を誇る本学図書館は「LibrariE」という電子図書館サービスを導入しており、自分のデバイスから図書の検索や予約ができます。「データベース検索」では、自宅からでも、新聞や雑誌の個別の記事を簡単に検索・閲覧できます。真銅正宏学長も「これがあれば学生時代にもっと勉強したかもしれない」と語っています。

2023年4月現在、雑誌は3,500タイトルで、新聞は22種類に上ります。

皆さんはデジタルネイティブであり、ネット上から新聞を読んだり、本を予約したりするケースが増えていくことでしょう。

◆ 対話型の生成AI

チャットGPTなど対話型の生成AI[6]については、電機大手や教育など大手企業に加え、自治体も使い始めています。生成AIを使うメリットは、一個人やチームでは気づかない視点や発想を与えてくれることや資料作成の効率化など多岐にわたります。

また生成AIを使う場合は、使う側がパソコンなどに、指示文であるプロンプトを入力しますが、何をどのように尋ねるかがカギを握ります。

その際、大切なのは機密漏洩を防ぐことです。企業などでは、生成AIの機能を積極的に使いながら、社員が打ち込んだ情報は社外には漏れないようにブロックしています。機密情報が洩れては、競合相手に利益の源泉である技術や新製品の情報を与えることになりかねません。

また2023年11月放映のNHKによると、手塚治虫さんの代表作『ブラック・ジャック』の新作が生成AIを使って制作されました。ストーリー作りには文書を生成するAI、登場するキャラクターには画像生成AIをそれぞれ使い、物語や人物像など作風を入れたプロンプトを打ち込んで、大まかなストーリーを生成させたといいます。

また新キャラクターは画像生成AIで大量に生成させ、ストーリーに近いものを参考画像として、クリエイターが描いていったそうです。ストーリーのうちAIが「機械の心臓」という物語を提案したといいます。

　テニスの壁打ちのように様々な視点で聞けば、生成 AI はさまざまな回答をしてくれます。企業は、どのような問い（質問）をすれば、得たい情報を得ることができるかも蓄積しているといいます。そして、重要なのは、最終判断をするのは人間であることです。

　生成 AI は息をするように嘘をつく、とも指摘されます。物事の真贋は人間がチェックし、事実の意味合いは人間が判断したりする必要があります。

　活躍する社会人になろうという皆さんにとっては、どうでしょうか。2023 年度に追手門学院大学で講演をしてくださった講師は、所属する企業と社員が積極的に生成 AI を使っていますが、「情報リテラシーが極めて重要になる。特に若い人は発信元が情報を確認している新聞や書籍などを読む習慣をつけて、リテラシー、つまり論理能力と直観力をつけることが大切ではないか」と話します。ウェブ上に溢れるフェイクニュースを見抜く目を持つためにも、自ら読んで、考える作業は従来以上に大切になってきています。

注

1)　証拠や根拠、証明。例えば医学では治療法が選択されることの科学的根拠、臨床的な裏付けを言う。
2)　記事の冒頭の 100 〜 200 字程度のリード文。
3)　書物の表題の文字。
4)　テレビ欄の裏側を指す。
5)　東京の桜田門から虎ノ門のあたりを指す官公庁の俗称です。
6)　生成 AI（ジェネレーティブ AI）は、文章や画像、動画、音楽などを生み出せる。ディープラーニング（深層学習）で構築された大規模な機械学習モデルで、簡単に使えるのが特徴。

■演習問題に取り組んでください。

[演習1] ニュースの真相

特定のニューステーマを選び、新聞記事を３つ選んでください。

※本記だけでなく、「受け」や「解説」の原稿も見つけて、300字にまとめてください。

（書き方の例）

1　テーマ　　　　：○○○○○
2　学籍番号と名前：○○○　　山田太郎
3　ニュースの概要：Ａ社はＢ社を○日、買収すると発表した。
4　背景や理由：Ａ社が買収したのは○○○○が理由である。

テーマ：

　　　　　　　　　　　　　　　　　　学籍番号
　　　　　　　　　　　　　　　　　　名前

ニュースの概要　...
....
....

背景や理由

....
....
....
....
....
....
....
....
....
....

第 **6** 章

事実とは何か —— ニュースの判断

　人は様々な思い込みを抱えていると言われます。好き嫌いもあれば、モノの見方の個性もあるでしょう。『FACTFULNESS』（Rosling 他、2019）は、常識を疑ってみる必要性を指摘しています。早速皆さんに考えてもらいます。

演習 1　世界の平均寿命はおよそ何歳だと思いますか？　以下から選んでください。

1. 70 歳
2. 60 歳
3. 50 歳
4. 40 歳

演習 2　いくらかでも電気が使える人は、世界にどのぐらいいるでしょう？

1. 20%
2. 40%
3. 60%
4. 80%　　　　　　　　　　　　（Rosling、2019）

　解答は巻末にあります。意外な結果かもしれません。何事につけ思い込みを捨て、事実を見なければなりません。それには事実を確認したり、信頼できる媒体でチェックしたりする必要があります。新聞や経済誌などを読めば、世の中で起こっていること、それについての専門家らの見方、事態の展開や結末を学べます。これを継続すれば、自分なりにニュースの見方が身に付いていきます。事実が何かをつかめるようになる近道です。

何が事実なのかを確認するうえで、普段から気を付けた方がよいことを見ていきます。

◆ 強調の仕方に注意

　グラフの読み取りには、気を付けなければなりません。次ページの図表は、減量に取り組んだAさんの体重の推移を示したグラフです。まず図表2を見てください。「減量成功」と書いてあり、これだけを見ると読者は成功したと受け止めてしまいます。ところが、期間を長くした図表1を見ると、体重は増加傾向となっていることが分かります。

　これに限らず、物事は切り取り方次第で、印象が異なったものになります。作成者にとって、都合が良い部分だけを切り取り、誇張していないか見極める必要があります。

図表1

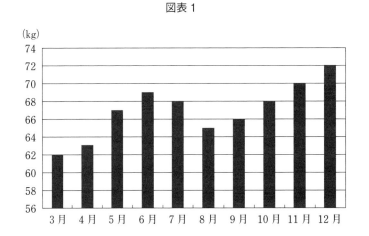

図表2

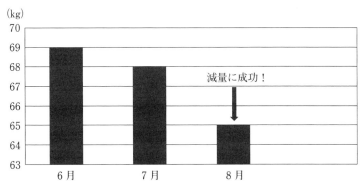

出典：図表1、2ともに『ネットで勝つ情報リテラシー』を参考に筆者作成

◆ ステマに注意

　中国系動画投稿アプリ「TikTok（ティックトック）」が、インフルエンサー[1] に報酬を支払っていたと 2022 年 1 月、日本の新聞各紙が報じました。インフルエンサー 20 人に報酬を支払い、動画を拡散させていました。報酬は動画の再生回数に応じた歩合制で、総額は 2021 年 12 月までの 2 年半で 7,600 万円に上りました（読売新聞、2022）。

　広告目的と明記せず、日本法人の担当者が指定した動画を一般の投稿のようにインフルエンサーに紹介してもらい、アプリをダウンロードをするよう誘導していました。商品やサービスを提供する企業や店舗の広告主が依頼していたことを隠し、自発的な口コミのように見せる手法は「ステルスマーケティング（ステマ）」と呼ばれます。ティックトックの日本法人は「皆様の誤解を招いており、そういう行為だと受け取られても仕方がない」と説明しています。

　ティックトックをめぐっては、米国で利用者の個人情報が中国政府に流出して安全保障上の脅威になるとの懸念が高まり、日本でも自治体などで利用中止の動きが相次いでいました。

　この間隙を突くように画像共有アプリ「インスタグラム」は 20 年 8 月に短尺動画機能「リール」の提供を開始。ティックトックにそっくりの機能で、画面をタップすれば EC サイトなどに誘導できる機能もあるそうです（日本経済新聞、2022）。

　この後、消費者庁はステマについて、景品表示法の不当表示に指定し、23 年 10 月から規制が始まりました（NHK、2023）。

　企業同士の競争は激烈であり、シェアを奪うために、もしくは業績悪化の窮地を脱するために、こうしたことに手を染める余地はあります。これからも注意する必要がありそうです。

◆ フェイクニュース

　フェイクニュースは言うに及ばず、AIを使って映像や音声を本物のように加工したディープフェイクも目立ってきています。インターネットでは、恐怖や不安に訴えるフェイクニュースほど非常に速く拡散されます。さらにAIソフトでウソの動画も簡単に作れることから、偏見や憎悪を容易にあおられかねない危険な時代と指摘されます。

　どうすれば事実を正しく認識し、偏見を排することができるのでしょうか。フェイクニュースから自分を守っていく方法を考えていきます。

　トランプ大統領（当時）の登場で、「ポスト真実」「オルタナティブ・ファクト（もう一つの事実）」といった言葉が広がりました。ポスト真実とはウソがまかり通る政治やメディアの状況を指す言葉であり、後者は事実とは異なる情報を「もう一つの事実」と称することです。

◆ 陰謀論

　米国を中心にインターネット上で広がった極右系陰謀論「Qアノン」[2]の信奉者らが2021年1月6日、米連邦議会議事堂を襲撃し、5人が死亡しました。信奉者はトランプ氏が内密に指揮する秘密のキャンペーンとして、善と悪が戦いをしている、と信じるようになったと言います（毎日新聞、2022）。

　対岸の火事と思っている人も少なくないかもしれません。ですが、東京新聞（2021）によると、2021年1月の米連邦議会襲撃事件や昨年の大統領選に大きな影響を与えたとされる陰謀論「Qアノン」を強く信奉する人々は、米国人口の10分の1に当たる3,000万

人以上に上る、という調査結果を米国の公共宗教研究所などがまとめました。調査によると、Q アノンの陰謀論に同意する信奉者は、米国国民の 14％ にも達しました。当時 Q アノンの信奉者はせいぜい数百万人とする見方が多かっただけに衝撃的な数字と言えます。

◆ オルタナティブ・ファクト

　米国大統領選に勝利した共和党のドナルド・トランプ氏が 2017 年 1 月 20 日、大統領に就任した際、連邦議会前に広がるナショナル・モールに多くの人が集まりました。BBC news Japan（2017）などによると、トランプ大統領（当時）は、参加者は推定 25 万人ぐらいとの報道に反発し、「150 万人ぐらいにみえた」と語りました。

　しかし、180 万人が集まった 2009 年のオバマ大統領の就任式の写真とトランプ氏の就任式の写真を実際に比べると、オバマ大統領の就任式への参加者が多いのは明らかです。米市場調査会社ニールセンなどもオバマ氏やレーガン元大統領の 1 期目の就任式よりも少ないと発表しました。

　しかし、トランプ氏は、自分の就任式に集まった人数についてマスコミ報道が嘘をついていると非難しました。スパイサー大統領報道官（当時）は初の記者会見で、「就任式の観衆としては文句なく過去最大」と断定しました。

　その後、大統領顧問のコンウェイ氏が、米 NBC テレビで「スパイサー（報道官）は、オルタナティブ・ファクト（もう一つの事実）を述べたのです」とコメントしました。司会者は「オルタナティブ・ファクトではない。ウソだ」と厳しく批判しました。これに対して、スパイサー報道官は「今後はウソをつかない」と約束しました。

　トランプ大統領時代、大統領陣営がオルタナティブ・ファクトといった形でウソをつくことは珍しくなくなりました。

　虚偽の報道を行うニュースサイトも出てきています。米紙ニューヨーク・タイムズは、オンラインニュースサイトのブライドバート・ニュース・ネットワーク（Breitbart News Network）について、虚偽報道であり、女性嫌悪で人種差別的としました。

　民間機 4 機が乗っ取られ、ニューヨークの世界貿易センタービルなどが攻撃を受けた「9・11」の米同時多発テロ事件をめぐっても、陰謀論が流されました。米国の諜報機関は事前に攻撃があることを知りながら情報を伏せたといった内容でした。「実は計画的に爆破された」と主張する団体まで出ました。しかし、米国の下院の委員会で機密文書や証拠を検証して、こうした主張は事実でないことが判明しました（Omand、2022）。

　こうした陰謀論をめぐっては、「陰謀論者の数だけバリエーションがある」（烏賀陽、

2017）との指摘があります。陰謀論は、ある出来事の背景には何らかの秘密の強い力・組織が働いていると考えます。例えば、ユダヤ人やユダヤ系金融資本、ロスチャイルド家など強い力を持つ勢力が裏で社会や歴史を動かしており、勢力や陰謀の存在は秘密のまま明るみに出ないと考えます。

1995 年に文藝春秋の雑誌『マルコポーロ』に「アウシュビッツにガス室はなかった」「ユダヤ人絶滅計画は存在しなかった」といった記事が掲載されました。ユダヤ人にとっては、許されない主張であり、結局この雑誌は廃刊に追い込まれました。烏賀陽弘道氏は「アウシュビッツにガス室はしなかった」との主張は「ガス室はポーランドの捏造」という陰謀論のバリエーションだったと説明します（烏賀陽、2017）。

筆者が知る、海外在住のある日本人エコノミストも、レポートに「ディープ・ステート（67 ページの注 2 参照）が実際の政府を動かそうしている」と記したことがありました。例え緻密な分析がなされていても、陰謀論の影響を受けているケースは少なくない、と指摘されます。

新型コロナウイルスの感染やロシアのウクライナ侵攻など先行きへの不安は増し、将来がどうなるか見えにくくなる中、欧米でも陰謀論が広がりやすいのかもしれません。実際「4chan[3]」では、Q アノンと同じタイミングでたくさんの人が陰謀論を紹介したそうです（毎日新聞、2022）。ウェブ上にこの手の陰謀論は散見されます。

実は日本にも広がりつつあります。読売新聞によると、「アノンの日本支部を自称する『神真都（やまと）Q 会』は『コロナは存在しない』と主張」（2022）し、メンバーがワクチン接種を妨害しようとクリニックなどに侵入して逮捕される事件が起きました。

事実を様々な角度から調べることによって、フェイクニュースは真偽について確認のしようがあります。しかし陰謀論は確認のしようがない点に特徴があるとされ、非常に厄介です。

いずれにせよ、情報の取捨選択が非常に大事な時代になっています。

ロシアのウクライナ侵略でもフェイクニュースが流されています。ロシアは言論統制を強化し、ロシア当局が「フェイクニュース」（偽情報）とみなした場合、記者らに最大懲役 15 年の禁錮刑を科せる法律を発効させました。ロシアに都合の悪い報道や市民の声を封じる狙いで、これを受け、ティックトックはロシア国内での動画投稿サービスを停止しました。ウクライナ侵攻で、ロシアは武力行使に加え、SNS でのフェイクニュースやサイバー攻撃を戦略的に連携させる、いわゆる"ハイブリッド戦"で臨んでいるとされます（週刊ダイヤモンド、2022）。米政府は当初からロシア政府の侵攻の意図を公表するなど先

手を打っていますが、フェイクニュースや陰謀論には今後も警戒が必要です。

◆ ディープフェイク

　AI技術や機械学習などを悪用して作り出された偽の映像、ディープフェイクは、現在も進化し続けている脅威です。デジタル技術の革新で、だれもが簡単にスマホで偽の動画を作れるようになってきているためです。

　ウソをついた側が利益を得てしまう「ウソつきの配当」と言う言葉もあります。何でも偽物が作れる世界では、逆に何でも否定することができます。この技術が存在しているため、本物の映像が偽物としてやり玉に挙げられるというのです。

　実際にアフリカのガボン共和国では大統領が死亡したとの偽情報が出回った際、クーデターが計画されました。誤報を打ち消そうと、大統領が映像に登場したところ、クーデターの首謀者たちは「ディープフェイクだ」と主張しました。多くの国民はこの主張を信じたと言われています。

　ディープフェイクは、権力者や腐敗した人々の責任追及を一層難しくしかねません。自分たちの悪事の証拠となる映像が出てきても、それをディープフェイクだと言い逃れようとしかねないためです（毎日新聞、2022）。

　米政府はディープフェイクを安全保障上の脅威と位置付けています。米軍人をディープフェイクのニセの映像でだます事件が実際に起きて、機密情報の漏洩やスパイにつながると危険視しているというのです。こうした事態を受けて、欧州ではディープフェイクを含むAIなどの規制を進めているほか、米国もニセ情報の識別や外国の悪用例について研究機関に分析を求める連邦法を整備しました（日本経済新聞、2022）。

　陰謀論やフェイクニュース、ディープフェイクはネット上のそこかしこにあると言っても過言ではありません。ではどうすればよいのでしょうか。

　1つ目は、新聞など信頼できるメディアを読むクセをつけることが大切です。池上彰氏は著書で「なるべく多くの新聞を読み比べて欲しい」（池上、2013）と書いています。「本当にそうなのか」と別の角度から考える癖をつけることにもつながります。

　次に、正しい情報なのかどうかを公的機関や企業のウェブサイトで直接調べることです。公開情報が非常に多くなっており、非常に有益な情報を得ることができます。

　公開情報と言えば、例えば英国のスパイ映画シリーズ『007』で描かれている英国のスパイの世界も大きく変わったそうです。かつては秘密情報部で活躍する個人が重要人物などに接近して、非公開情報を秘密裡に収拾していました。しかし、現在は公開情報の分析が非常に重要になっているのです。

公開情報を用いた分析のことをオシント（OSINT）と言います。オシントはオープンソース・インテリジェンス（open-source intelligence）の略です。世界情勢が複雑になる中、機密情報の獲得と分析のみならず、公開情報を使った分析も極めて重要とされます。

さて３つ目ですが、出所不明や裏付けのない情報は信じないことです。新聞などの「ファクトチェック」も参考にしてみてください。

◆ 情報リテラシー

情報リテラシーとは、世の中にあふれる情報を、適切に活用できる力のことです。上述したようにウェブ上にはニセ情報が溢れています。ロシアなどのように、ニセ情報を意図的に流している国もあります。普段からニュースや情報の出所に気を付けたり、ファクトチェックをしたり、健全な懐疑精神を持ったりすることが大切です。

それでも適切に情報を得ることは容易ではありません。岡田豊氏はニュースサイト「バズフィード」は16年の米大統領選でトップ20のニュースのうち、フェイスブックで「いいね」やコメントが付いた回数をめぐり、主要メディアとフェイクニュースを比較。フェイクニュースが870万回で、主要メディアの740万回を上回ったといいます（岡田、2022）。

私達は一歩踏み込んで、自分がフェイクニュースや陰謀論を信じてしまう可能性があることを率直に認めなければなりません。そして、情報にバイアスやウソが入っているリスクや、ニセ情報をつかまされている可能性を前提にする覚悟も必要でしょう。

さらに踏み込むなら、あらゆるものを疑ってかかり、情報の裏にある意図を考えてみることが大切です。複数の情報源を照合したり、一次情報にあたったりする癖をつけることです。新聞はもとより、識者によるネット上の動画やブログなども含めて有用な情報を見つけたり、判断したりするリテラシーが問われています。

元フランス大統領顧問で"欧州の知性"とも言われるジャック・アタリ氏は著書で「真実と虚偽の区別はそれほど簡単ではない」と記します。SNSでは矛盾した見解が多く、発信者の能力や正確性と関係なくフォロワー数が決まります。知識と情報には富裕層のほうがたどり着きやすいという情報の非対称性の問題や武力や金銭などでウソを真実と信じ込ませようとする人物の危険性を警告します。

それだけに、自分の思い込みや家庭で学んだことに反した思考も必要になるといいます。当面の間、人々は、こうしたウソに騙され、SNSに食い物にされかねず、世界中の学校でフェイクニュースを見抜く目を養ったり、情報を得る技術を教えたりするなど時事

問題の分析の仕方を教えるべきだ、と指摘しています（アタリ、2021）。

注

1)　SNS 上で多数のフォロワーを抱える人のこと。
2)　トランプ元大統領を熱烈に支持する極右の陰謀論集団。財界や民主党などの影の国家（deep state）や小児性愛者が世界を支配すると考える。米連邦議会襲撃事件にも信奉者が加わっていた。
3)　英語圏を対象とした世界最大規模のネット上の匿名の画像掲示板のこと。

演習3

1. 未確認の事実やフェイクニュースを探してください。

　事実の受け止め方や評価をめぐり、違和感を生じたものでも構いません。

2. グループで持ち寄り、順番に説明します。

3. メンバーが説明したことに対して、メンバーで評価したり、質問したりしましょう。

4. グループとして最も気になったニュースについて発表します。

・気になったニュースの内容

　　日時　　　月　　日

　　テーマ　　フェイクニュースの見分け方

　　出典　　　○○新聞

　質問や評価

インタビュー2

「フェイクニュースの見分け方」

毎日新聞執行役員編集担当、デジタル担当　齊藤信宏

　　　私達はフェイクニュースや陰謀論が当たり前の時代を生きています。ロシアのウクライナ侵攻、ガザ地区へのイスラエル軍侵攻でも、フェイクニュースが流されてきました。気に入らない事実は排除し、自分の主観に都合の良い説明だけを信じることによる分断も指摘されます。私達はどうすればフェイクニュースを排し、事実にたどりつけるのか。毎日新聞執行役員編集担当、デジタル担当の齊藤信宏さんに伺いました。

（聞き手・藤好）

　―― フェイクニュースが当たり前の時代となりました。齊藤さんは新聞社の編集責任者の立場から、現状をどうご覧になっていますか？

　齊藤編集担当　大変難しい時代ですが、実はフェイクニュースは昔からあります。関東大震災の時には、誤った情報により虐殺が起こりました。現在はインターネットとデジタル化で情報伝達のスピードが劇的に早くなる中、フェイクニュースも増殖し、市民が触れる頻度も高まっています。AIによる、もっともらしいウソのニュースも作られています。自分でもフェイクニュースに騙されるリスクがあると思い、身を処していかないと巻き込まれる可能性があります。

　―― 偽・誤情報を見聞きした人で、特に政治関連情報で誤りを認識した人は1割余りで、真偽の見極めは非常に難しいとの調査結果があります（山口、2023）。情報リテラシーを身に付けるために新聞をどう使えば良いのでしょう。

　齊藤編集担当　新聞社や通信社など報道機関は取材するだけでなく、同時に正しいかどうかウラを取り直して確認しないと外部に出しません。言いっぱなしも目立つSNSの言説との大きな違いです。自分でおかしいと思ったら、デジタル版、紙面を問わず新聞で確認してみれば、真実に近づけると思います。海外の事件であれば、独立系調査グループ「ベリングキャット」なども参考になります。

　メディアによって主張が異なることにも注意が必要です。ニュースが発生した際、第一報はどの新聞でもほとんど違いはありません。ですが、どの記事を大きくするかは判断が分かれます。解説や真相記事、社説は方向性が大きく異なります。複数の情報源に当たる

ことで、真贋を見分けるリテラシーを磨くこと、事実はどこにあるのか見極めることが大切です。

　——米大統領選にトランプ氏が就任した2016年はフェイクニュース元年と言われます。どう対応すれば良いでしょうか？

　齊藤編集担当　SNSなどで自分の意見に近い記事だけ読んでいると、知らないうちに考え方が偏っていきかねません。似た考えの人同士が共感し、意見がより過激になり、多様な考え方を受け入れられなくなることを「エコチェンバー現象」といいますが、都合の良いメディアやフェイクニュースだけを信じれば、世界の一層の分断につながることにもなります。

　SNSで偏った情報やフェイクニュースが流される中、エコチェンバー現象で偏った考えを持ったとしても、新聞の解説や、識者の意見などをしっかり読むことで、中庸な意見に戻せるでしょう。新聞などオールドメディアを読んでファクトを確認するクセを付けながら、SNSを見るようにすればよいのではないでしょうか。

　——フェイクニュースは、最後は真偽を判定できますが、陰謀論は確かめようがありません。例えば「米国政府は影の国家（ディープステート）が動かしている」と言われても、否定する決定的な証拠はありません。

　齊藤編集担当　昔から陰謀論はありましたが、特殊な雑誌でも買わないと入手が難しかったと言えます。デジタル化が進んだことで、今や陰謀論は簡単に手に入ります。そして複雑な世の中を一刀両断にして見せる陰謀論は、面白く、広がりやすいとも言えます。

　1995年の阪神淡路大震災でもデマが拡がりました。非常時は新聞も届かなくなります。関東大震災でもそうでしたが、不安な心理があるとデマや陰謀論は広がりやすくなります。

　失われた30年で格差が広がったこともあり、世の中を大きく変えてくれそうな人や物事に飛びつきやすい状況にあります。物事を単純化した陰謀論が広がる下地があるのです。

　——AIがウソを簡単に作れる時代になりました。AIの判断が決定権を握ることになるのでしょうか。

　齊藤編集担当　素人でも手軽にフェイクニュースやウソの動画であるディープフェイクが作れる恐ろしい時代に突入しました。

　欧州が先行していますが、AIをいかに規制するかが要になるでしょう。AIやロボットが人を傷つけたり、抑制したりすることだけは防がなければなりません。

　政策など現実社会をめぐる問題では、人間が最後の決定権を握り続けることが大切です。とはいえ、人の判断はしばしば非合理的ですから、合理的な判断を得るための手段としてAIを活かすことが大切です。

　人間の社会生活を考えても、AIは能力面では、将棋で藤井聡太8冠に勝つでしょう。ですが、AIがどれほど発達しても、人は揺らぎのある人間同士のやり取りにこそ惹かれるのではないでしょうか。

第 **7** 章

ライティングの道 1　文章のルール

　本章では、文章作成の基礎を学んでいきます。作文とレポートの違いを見ると、作文は、自分の経験を中心に記述します。自分の気持ちや感想などを主観的に書くものです。

　これに対して、レポートは事実を積み重ねていくことが基本です。そのために、本や雑誌、論文を調べていきます。事実を重ねていき、それに基づいた分析や推定、意見、つまり考察をまとめます。事実と、分析や意見は、区別して書くことが前提になります。

　整理すると以下のようになります。

① 　テーマを決めます。

② 　そのテーマに沿って、新聞や本、レポート・論文などを調べます。

③ 　事実を整理して記述し考察を書きます。

◆ 誰に向けて書くのか

　ターゲットは、一体誰なのでしょうか。例えば鉄道会社について取り上げるにしても、小学生向けなら乗り物の名称や運行区間、走る仕組みや、スピードなどを書くことになりそうです。一方、40、50 代のサラリーマンが対象なら鉄道の経営が中心になると思われます。誰のために書くのか、何のために書くのかを明確にしましょう。

　文章作成に入る前に、まずは文章のルールを学びながら、演習問題を行います。

◆ 文章作法

　・「だ・である」調

　レポートや論文は「です・ます」調は使わず、「だ・である」調を使います。また「話し言葉（口語）」は使わず、「書き言葉（文語）」で通します。「やっぱり」「とっても」とは書かず、「やはり」「非常に」と書きます。

　・主語と述語の一致

　主語と述語を一致させましょう。文章を長くすると、主語と述語が一致しなくなることがあるので注意します。

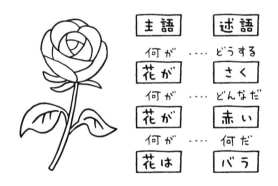

　・修飾語は分かりやすく

　下記の文章が読みづらいのはなぜか考えて、読みやすくなるように番号を並べ替えて下さい。

| 太郎は | 辛辣に | 身振り手振りで | 消費増税を求める | 花子を | 批判した |。
| 1 | 2 | 3 | 4 | 5 | 6 |

　1と2は6にかかっています。とても離れています。その間に「花子」がはさまって、そこにも修飾語が重なり、読みづらくなっています。

　以下のように修飾語と修飾される言葉を近くに置いてみました。

　身振り手振りで　　消費増税を求める　　花子を　　太郎は　　辛辣に　　批判した。

頭に入りやすくなったのではないでしょうか。

　・段落（パラグラフ）と段落替え
　前章でも説明しましたが、段落はライティングでも大切です。いくつかの文章のまとまりが段落を構成します。1つの段落で主張したいことは1つです。段落を替えたら、次の段落のはじめは一文字空けます。

　段落（パラグラフ）の具体例を見ていきましょう
　　「1デザインが日常生活で役立っている例として、ピクトグラムがある。2ピクトグ
　　ラムは絵文字とも呼ばれ、情報や注意を与える目的で作成された視覚記号（サイン）
　　である。日本では、1964年の東京オリンピックで初めて使用された。宿泊施設や映
　　画館などでよく見る非常口のピクトグラムは日本で誕生し、現在では国際標準規格
　　になっている。3このようにデザインは、言語を介さなくても情報を伝える力を持っ
　　ている。」

　1では、何の話題なのかを明示しています。
　2では、補強の説明や原因、理由を書いています。
　3で、まとめています（新田、2021）。

　・文章は短く
　リズムのある文章や短く歯切れのある文章は読みやすいです。文章を長くすると、分かりにくくなりがちです。上述したように主語と述語が結びつかなくなりかねないことに加え、形容詞や副詞がどこにかかるか分かりにくくなるケースが散見されます。分かりやすくするには、一つの文章を短めにすることです。

・剽窃は厳禁

他人が作った文章や論文を断りなく、そのまま使うことを剽窃と言います。研究者はもとより、学生も決して行ってはいけない行為です。剽窃のことをコピペ（コピー＆ペーストの略）とも言います。

「研究者の世界で最初の発見者、発明者になることに命を懸けている。（中略）もし、大学に職を得ている研究者が剽窃を行ったら、辞職しなければならない場合があるほど重い罪なのだ」（石原、2006）との指摘通りです。

公開されているレポートや論文のすべて、もしくは部分を写して提出してはいけません。必ずだれの文献のどの部分なのかを引用文献として明記します。

また大切なアイデアや論点も他人のものを黙って使ってはいけません。参考文献もしくは引用文献として明記するのがルールです。

◆ 参考文献と引用文献の書き方

レポートや論文を書く場合に文末に参考文献を記す必要があります。書き方は以下の通りです。また参考文献は文末に一覧掲載します。

・参考文献

書籍などの場合、著者名と出版年、題名、出版社名の4点を以下のようにチェックします。

1. 著者名　　　　　　　　　平野暁臣
2. 出版年　　　　　　　　　2016年
3. 本の題名（論文題名）　　万博の歴史
4. 出版社名　　　　　　　　小学館クリエイティブ

レポートや論文の参考文献は、文末に書きます。書式は上記の1～4を以下のように記します。

【参考文献】

平野暁臣（2016）『万博の歴史』（小学館クリエイティブ）

ネットの場合は、テーマ、組織（個人）、ウェブサイトのURL、閲覧日を記します。文末の参考文献の欄には以下のように書きます。

経産省「関西経済の現状と今後の見通し」

https://www.kansai.meti.go.jp/E_Kansai/page/20210102/02.html（2022年6月30日閲覧）

・引用文献

　他人の文章を引用する場合、①引用した部分を書き写す②文末に引用文献の詳細を記す──という2点について注意して書く必要があります。

　自分の論文やレポートの文中で、他人の文章をまったく変えずに引用し、その部分を「　　」で括ります。引用文が句点（。）で終わっても、句点は書きません。「　　」の直後に、著者名を名字だけ書いて、出版年を記します。

　以下のケースを見てください。「　　」が引用部分です。

　　　正規雇用と非正規雇用の格差の是正策をめぐっては、働き方改革で「一時間当たりの賃金の格差を縮小して非正規労働者の賃金を上げるという政策を取る必要がある」（橘木、2013）といった主張が取り入れられた。

　次に文末に引用文献を記すため、以下の1〜4をチェックします。

1.　著者名　　　　　　橘木俊詔
2.　出版年　　　　　　2013年
3.　本の題名、もしくは論文の題名（論文が掲載されている雑誌名）と巻数
　　　　　　　　　　　「格差と雇用の問題を解決する政策」『経済政策ジャーナル』、第10巻第2号
4.　引用したページ　　60ページ

　文末には以下のように記します。

【引用文献】

・橘木俊詔（2013）「格差と雇用の問題を解決する政策」『経済政策ジャーナル』、第10巻 第2号、60ページ

　これを見れば、橘木俊詔氏が記した「格差と雇用の問題を解決する政策」という論文が、2013年に出版された『経済政策ジャーナル』第10巻第2号に掲載され、その60ページから引用したということが分かります。

■演習問題に取り組んでください。

演習1　以下の文章がどうすれば読みやすくなるか考えて、修正してください。（ヒント　こうした文章はだらだら文とも言われます。）

「犬は猫に比べて、昔から人間に飼われ慣れていると言われており、人間の 100 万倍ともいわれる嗅覚があるため長い道のりを帰ってくるとされるが、空気中に漂う分子を 1 とした場合、犬は 100 万倍薄くしても嗅ぎ取ることができるためで、これが警察犬や災害救助犬などとして活用される理由だ。」（富山県の web）

演習2　以下の文章を読んでください。そのうえで、2 つの文章に分けて、読みやすくしてください。（ヒント　言葉も補ってください。）

a　「私の部下は 4 月にシンガポール支店から帰国して、現地で優秀な人材を使い、売り上げ 2 倍増に貢献し経済誌に特集記事も掲載されたことから、マネジャーへの昇格が決定した。」

b　「高齢者の体力作りはすぐにでも取り組むべき課題であるが、自分は大丈夫だと過信している」

演習3　主語と省略

以下の文章は、意味を把握しやすいですか。理由も書いてください。
「2065 年には 8,808 万人になると推計されている。」

（把握しやすい・把握しにくい）

理由：_____

演習4　文語体への統一

レポートや作文では話し言葉は使いません。以下の文章の中で話し言葉（口語体）を選び、書き言葉（文語体）に修正してください。

a 「でもおやじの本には、確かにって感じることがたくさん書いてあったから、あ〜な
るほど、そっか、そっかって納得しながら読んだんだ」（上野、2018）
　　口語体　（①　　　　　）（②　　　　　）（③　　　　　）（④　　　　　）（⑤　　　　　）（⑥　　　　　）
　　文語体　（①　　　　　）（②　　　　　）（③　　　　　）（④　　　　　）（⑤　　　　　）（⑥　　　　　）

b 　A君の努力は、だんだん結果に表れたって。
　　口語体　（①　　　　　）（②　　　　　）
　　文語体　（①　　　　　）（②　　　　　）

c 　A社は、とっても厳しい社員教育をすることで知られているわ。
　　口語体　（①　　　　　）（②　　　　　）
　　文語体　（①　　　　　）（②　　　　　）

演習5 形容詞の場所

　以下の2つの文章について、どこにかかるか分かりづらい修飾語を1つ挙げて、その理由を記してください。

1.「黄色く、大きなヒマワリの花が咲き、輝く太陽が降り注いでいる」
　　分かりづらい修飾語 ＿＿＿＿＿＿＿＿＿　　その理由 ＿＿＿＿＿＿＿＿＿＿＿＿＿

2.「百貨店で偶然見かけたのは、昔のサングラスが似合う先輩だった」
　　分かりづらい修飾語 ＿＿＿＿＿＿＿＿＿　　その理由 ＿＿＿＿＿＿＿＿＿＿＿＿＿

演習6 「です・ます調」の文章をすべて「だ・である調」に書き換えてください。

1. 私は昨日、アルバイトに行きませんでした。
　　＿＿＿＿＿＿＿＿＿＿＿＿＿＿＿＿＿＿＿＿

2. 私は城崎温泉に行ったことはありませんが、父は母と行ったそうです。
　　＿＿＿＿＿＿＿＿＿＿＿＿＿＿＿＿＿＿＿＿＿＿＿＿＿＿＿

3. 明日も電車が遅れるのでしょうか、と気になりました。
　　＿＿＿＿＿＿＿＿＿＿＿＿＿＿＿＿＿＿＿＿＿＿＿

4. 文章を書くことは難しいです。ですから、ゼミの仲間と練習しようと思います。
　　＿＿＿＿＿＿＿＿＿＿＿＿＿＿＿＿＿＿＿＿＿＿＿＿＿＿＿＿＿＿

演習7 適当でない表現

　以下からレポートのうち適当でない文章表現や事実についてすべて書き出してください。

　国を挙げて半導体産業をてこ入れする動きが、世界に広がっている。米欧や中国は、数兆円を投じて企業の開発や生産を支援します。半導体の性能が、自動運転や高速通信といった次世代技術の競争力を左右するからだ。米中対立の深刻化で、安全保障の観点からも安定調達が課題となっているね。

　日本は、スマートフォンなどに使う最先端半導体の工場を海外から誘致しようとしている。国内企業を集約させる「日の丸半導体」路線の行き詰まりを踏まえ、政策を転換するのだよ。

　経済産業省の本命は台湾積体電路製造（TSMC）だ。世界最高水準の生産技術と収益力を誇り、誘致できれば関連産業への波及効果が期待できる。中台関係の緊迫化に備え、台湾に集積する半導体工場を分散させる思惑もあります。

　それゆえ、特定産業を優遇する政策は、需給のゆがみや貿易摩擦を招きかねない。

　半導体工場の建設費は1万円を超える。誘致するには巨額の財政支援が必要となろう。節度とコスト意識を忘れてはならない。競争力の強化や経済活性化にどうつながるのか、十分な説明が必要だ。

　日本企業の体質も問われるんだよ。半導体産業の盛衰に学ぶ点はおうい。

　その一例がTSMCだ。自社で設計や開発を行わず、米アップルなど他社から製造を請け負う業態に専念し、生産技術の改善に巨額の投資を続けて成長したんだって。蓄積したノウハウで設計を支援するサービスも手がけ、顧客を増やした。

　日本企業に欠けていたのは、こうした明確な戦略だ。電機メーカーの部品事業として生まれたため、経営の独立性に欠け、ビジネスモデルを転換できなかった。

　業界再編で生き残りを図ったものの、寄り合い所帯の弊害で事業の取捨選択に手間取り、一部は経営破綻に追い込まれています。

　デジタル化の進展で、経営環境は急速に変化している。ITを活用した新たな製品やサービスが生まれ、半導体にも多様な機能が求められる。最先端分野以外にも、自動車メーカーとの連携を強めたり、省エネ性能を極めたりして、存在感を高める道はあるだろう。

　過去の失敗を直視し、民間の力を引き出す政策に知恵を絞らなければならない。

（毎日新聞社説、2021）

▽ヒント

・「だ・である」調となっていますか。

・接続詞は的確ですか。

・口語体でなく、文語体で書かれていますか。

・10 カ所です。

第 8 章

ライティングの道2　言葉選びと構成

　本章では、レポート執筆の準備として、的確な言葉の使い方などを学んでいきます。言葉は使い方が的確であるほどに、より相手に伝わります。

　また論証についても学びます。論証は「根拠」を記してから、「主張」することで説得力が高まります。

　文章に苦手意識を持っている方にはコラムを写すことをお勧めします。コラムの文章とレポートでは、文章の種類としては異なるのですが、コラムは言葉の選び方のみならず、文章のリズムや構成面で考え抜かれているためです。

　「リーディング」でも取り上げた要約問題にも再度取り組んでもらいます。レポートを書く場合には、参考にする文献のポイントをまとめることが非常に重要になります。

◆ 言葉を選ぶ

　皆さんが的確な言葉を選ぶことを意識するだけで、相手への伝わり方は大きく変わってくるはずです。以下の文章を読んでください。

　　「私が先週レストランで食べた麺類は絶品だった」

　具体的なイメージが湧きましたか。いつ食べたのか。何を食べたのか概要は分かります。ですが、うどんなのか、そばなのか、スパゲッティなのか、何が絶品だったのかは分かりません。「お店」のイメージも湧きません。

　以下の文章に変更しました。

　　「私が先週の日曜日にイタリアンレストランで食べたカルボナーラは味が濃厚で絶品
　　　だった」

　今度は、お店はイタリアンであり、麺類はカルボナーラであると明記しています。話が具体的でイメージが浮かびやすくなったのではないでしょうか。

　レポートや論文は現実に起こっている無限の出来事をテーマに沿って抽象化してまとめる作業です。それでも文章は基本的には具体的である方が伝わりやすいです。さきほどの文章の続きですが、グルメについて比較するなら、麺のコシや調理方法などに話が展開するでしょう。ですが、コロナ禍での外食産業について書く場合ならどうでしょうか。麺の違いや調理方法を詳細に書いては、かえって違和感が生じます。

　・表現を的確に
　　以下の表現は適切でしょうか。

　　「駅前の歯医者は繁盛している」
　　「駅前の歯医者は繁栄している」

　レストランや居酒屋が繁盛している、と書くならしっくりきますが、「歯医者が繁盛している」は違和感が生じます。一例ですが、以下のようにすれば落ち着きます。

　　「駅前の歯医者は込み合っている」

◆ 言葉と言葉の関係

　2つの言葉がどんな関係なのかも大切です。例えば「文字」と「漢字」の関係であれば、「漢字」は「文字」に含まれる関係（包含）です。「文字」と「ひらがな」、「文字」と「カタカナ」も同じ関係になります。

　また「鉛筆：ボールペン」であれば「並列・同類」となります。「需要：供給」「教員：

学生」であれば、「反対・対」となります。「チーズ：牛乳」「日本酒：コメ」なら牛乳やコメは「原料」です（イング、2021）。

◆ 論証について

以下の1～2を読んでください。どちらの方が、説得力がありますか。

1. A君はじきに高血圧になるだろう。
2. 塩分を取りすぎると、じきに高血圧になる。A君は日々、塩分を取りすぎている。
   A君はじきに高血圧になるだろう。

ともにA君がじきに高血圧になるという主張は同じですが、どちらが、説得力が高いですか。2は事実（根拠）の裏付けがあるため、話の筋が通っています。ところが、1は事実や根拠がなく結論しか書いておらず、論理的ではありません。

2の文章を根拠と主張に分けて分析してみましょう。以下のようになります。

▽論証ア

「塩分を取りすぎると、じきに高血圧になる」……根拠 a

「A君は日々、塩分を取り過ぎている」…………根拠 b

∴「A君はじきに高血圧になる」…………………主張（結論）

根拠 a で、塩分を取り過ぎると高血圧になるという一般的な事実を書いています。次に、根拠 b で A 君が実際に塩分を取り過ぎている事実を記しています。それを受けて最後に、「じきに高血圧になる」と主張（結論）を書いています。

2の説得力が高いのは、事実に基づき根拠を明記したうえで、結論を記しているためです。

これに対して1では結論は書いていますが、根拠を書いていません。「著者はそう書いているが、勝手に思い込んでいるのではないか」といったハテナマークが読者の頭に浮かびかねないのです。

また文章の書き方としては、結論を先に書いて、根拠を後に書くこともできます。

「A君はじきに高血圧になる」……………主張（結論）

「なぜなら、塩分を取りすぎると、じきに高血圧になるし、Ａ君は塩分を取りすぎているためだ」…………………………………根拠

では、根拠と主張があれば、必ず説得力を持つのでしょうか。次の文章を見ていきましょう。

▽論証イ

「地の神の声がすると、大地震がくる」…根拠ａ

「地の神の声がした」………………………根拠ｂ

∴「もうすぐ地震が来る」………………………主張（結論）

いかがでしょうか。「地の神の声がすると、大地震がくる」「地の神の声がした」という２つの文章ともに、事実とは言えません。当人しかそう思っていないし、確かめられてもいません。

上述した「塩分を取り過ぎると高血圧になる」ことが、ほぼ成り立つこととは、根本的に異なるわけです。

地の神の文章を見ると、根拠に基づいて主張をするという形式が成立していても、根拠に裏付けがないと意味を成さないことが分かります。

（戸田山、2022）

それでは以下の論証は成り立つでしょうか。

▽論証ウ

「強風が吹いたら、ロケットの打ち上げは延期される」…根拠ａ

「ロケットの打ち上げは延期された」………………………根拠ｂ

∴「強風が吹いた」………………………………………………主張（結論）

論証ウは、論証アに一見似ています。ですが、根拠ａ, ｂともに正しくても、こちらは成り立ちません。ロケット延期の理由としては強風以外にも、エンジンの不具合など様々なことが考えられ、強風が吹いたとは限りません。これを整理すると以下のようになります。

■論証が成り立たない

　「A ならば B である」……………………………………………… 根拠 a

　「B である」………………………………………………………… 根拠 b

　∴「A である」……………………………………………………… 主張（結論）

A ではない、別の理由で B であるというケースが出てくるわけです。

これに対して、論証アのケースをまとめると以下のようになります。

■論証が成り立つ

　「A ならば B である」……………………………………………… 根拠 a

　「A である」………………………………………………………… 根拠 b

　∴「B である」……………………………………………………… 主張（結論）

上記は反例がなく、すべてのケースで成り立ちます。

◆ 新聞コラムの書き写し

　さて、文章の苦手な方に勧めたいのが新聞朝刊の1面のコラムの書き写しです。説得性や文章のリズム、的確な言葉選びなどで学ぶべきものは多いです。全国紙、ブロック紙、地方紙のどれでも構いません。朝日なら「天声人語」、毎日なら「余録」などいずれも筆力が認められたコラムニストが担当しています。1カ月ぐらい書き写せば文章力が向上するのは間違いありません。

　上述したようにコラムの文章は、事実を基にしながらも説得力や読ませることに力点を置いており、レポートや論文のように事実を論理的に書いていく文章とはやや趣を異にします。

　・コラムを写す手順

　　1.　ノートを作ります。

　　2.　左ページに切り抜いたコラムを貼ります。

　　3.　分からない単語を調べ、キーワードに線を引きます。

4. 右ページに全文を写します。

事例として2022年3月23日付け毎日新聞朝刊の「余録」を写してみましょう。

米映画「アンタッチャブル」の銃撃戦で赤ん坊をのせた乳母車が階段を落ちる場面がある。これがソ連映画「戦艦ポチョムキン」のオデッサの大階段の民衆虐殺場面の再現なのは映画ファンにはよく知られている▲ロシア帝政末期の皇帝の軍による民衆への無差別発砲を描くこの場面は、観客の連想を呼び起こす画期的な映像技法で映画史に刻まれた。小欄がこの「虐殺の階段」を引き合いに、ミャンマーの軍政を批判したのは昨年3月のことだ▲まさか1年後、プーチン露大統領の軍がオデッサに迫り、市民の暮らす諸都市が無差別の砲爆撃にさらされるとは思わなかった。大階段の虐殺は史実でないが、いま同地から伝えられるおびただしい映像の多くは進行中の現実である▲「多くは」というのは、もちろんフェイク —— 作り物の画像が含まれているためである。なかにはウクライナのゼレンスキー大統領その人が降伏を呼びかけるようなディープフェイク画像もあったのは多くの方がご覧になっただろう▲日常に入り込んだ「戦争」が市民のスマートフォンで日々伝達されるのは史上初である。フェイク映像はメディアや有志のチェックで多くが暴かれる自由な市民社会だ。刻一刻と更新される映像が示すのは人道危機と戦争犯罪だった▲プーチン氏の政府も宣伝映像を次々に繰り出して国内の動揺の封じ込めに必死だ。見る方も自らのリテラシー（映像読解力）を鍛え、侵略の実相を見抜かねばならない21世紀版の「映像の戦争」である。

以下に写してみて下さい。

■演習問題に取り組んでください。

演習１

2つの言葉の関係を見て、同じ関係の言葉を選んでください。

設問１.「ナベ：鉄」の二語と同じ関係を示す語を選んでください。

　①「ワイン：　　」　1 コメ　　　2 子供　　　3 ビン　　　4 ぶどう

　②「きなこ：　　」　1 大豆　　2 洋菓子　　3 祖母　　4 芋

設問２.「犬：動物」の二語と同じ関係を示す語を選んでください。

　①「野球：　　　」　1 バット　２９人　　　3 ホームラン　4 スポーツ

　②「長靴：　　　」　1 豪雨　　2 雨具　　3 傘　　4 晴天

設問３.「清少納言：枕草子」の二語と同じ関係を示す語を選んでください。

　「夏目漱石：　　」　1 太宰治　　　2 三四郎　　3 資本論　　4 ピカソ

設問４.「過去：未来」の二語と同じ関係を示す語を選んでください。

　「総合：　　　」　1 分析　　2 分割　　3 分子　　4 調整

（イング、2021）

演習２　以下の文章を読んで、設問に回答してください。

　「私たちは、日本の近現代がどういう時代であったのか、なぜ「成功」の局面と「失敗」の局面が繰り返されたのかを考えなければならない。日本人はこれからどういう方向に向かおうとしているのか、どういう方向に向かわなければならないのかを考えなければならない。そのためにも、私たちは、世界の歴史において（人類全体にとって）近現代がどういう時代であったのかを考えなければならない。世界は（人類は）これからどういう方向に向かおうとしているのか、どういう方向に向かわなければならないのかを、考えなければならない。Ａ

　近代と現代を通じて、世界の相当数の人々が「窮乏の克服」と「抑圧の克服」という二つの目標を追求するようになった。そうした動きをこの本ではとりあえず「近代化」と呼ぶ。Ｂ

　近代化のひとつの側面は、経済の効率を高めて窮乏を克服しようという動きが強まった

ことである。先発国の生産と所得の水準は大幅に上昇した。しかし、グローバライゼーション（地球規模の相互依存・相互作用の強まり、globalization）の進行と社会生活全体への市場原理の浸透、情報技術の進歩などによって、投機（speculation）が増幅され、就業が不安定化している。多くの人間が厳しい労働に追い込まれ、過労死や過労自殺のような悲惨も発生している。C

二〇世紀には、情報伝達手段と輸送手段の進歩を基礎として、国家の統制力と動員力が増大し、大規模な戦争が繰り返された。科学・技術の進歩と産業の発展を背景として、新しい兵器が開発され、非戦闘員（兵士でない人々）を含む数千万の人間が殺害された。二一世紀になったいまもテロリズムと戦争によって多くの人間が殺害されている。国家間の対立だけでなく、社会階層間の対立、民族間あるいは人種[1] 間の対立、宗教間の対立が、紛争と戦争の原因になっている。D

さらに、これまでに企業の有害物質の排出などによって多くの人間が生命を奪われている。大量の資源が消費されて大量の汚染物質が排出されており、二一世紀初頭のいま、地球規模の環境破壊が進行し、人類の存続が危うくなっている。E

近代化のもうひとつの側面は、身分制度や社会的差別を撤廃しようとする動きが強まったことである。先発国では、言論・思想・信教・集会・結社（政治運動や社会運動のための団体の結成）の自由を認め、生存権を含む基本的人権を保障する制度を確立しようとする動きが強まった。民主制（民主的政治制度、democracy）の確立を目指す取り組みもおこなわれた。しかし、民主制が採用されている国で生活している人間は、いまでも人類全体のなかの少数派である。F

そのうえ、民主制は必ずしも有効な政府の存立を保証しない。政治家が国民の当面の利害関心に迎合して超長期の課題との取り組みを先送りすれば、衆愚政治の様相が強まる。衆愚政治（無知な群衆による統治）という言葉は古代ギリシャの都市国家アテネの民主制の堕落を形容するために使われたのが最初といわれるが、近現代の歴史にも多くの衆愚政治の事例が見られる。G」（正村、2010）

設問 1.　キーワードにマーキングをしてください。

設問 2.　主な段落（パラグラフ）で言いたいことまとめている文章を１つ書き出してください。ただし一か所だけ２つの文章となります。７つのパラグラフの文末にＡ〜Ｇと記してあります。

A (　　　　　　　　　　　　　　　　　　　　　　　　　　　　）

B (　　　　　　　　　　　　　　　　　　　　　　　　　　　　）

C (　　　　　　　　　　　　　　　　　　　　　　　　　　　　）

D (　　　　　　　　　　　　　　　　　　　　　　　　　　　　）

E (　　　　　　　　　　　　　　　　　　　　　　　　　　　　）

F (　　　　　　　　　　　　　　　　　　　　　　　　　　　　）

G (　　　　　　　　　　　　　　　　　　　　　　　　　　　　）

設問 3.　タイトルをつけてください。

設問 4.　300 字にまとめてください。

設問 5.　この文章と現代の社会を比べて、似ているところと、異なっているところを話し合ってみましょう。

演習3　文章の構成を考えます。

1.　以下のA〜Eの文章を正しい順に並び替えて、問いに答えてください。

　　2番目はどの文（段落）ですか。記号を答えてください。　　　　（　　）

　　5番目はどの文（段落）ですか。記号で答えてください。　　　　（　　）

2.　見出しを考えてください。

　A.　ただし、「飼育できなくなった」という理由で自然に放すことは禁じられる見通しだ。家庭や学校は、最後まで世話をすることが求められる。

　B.　生態系を脅かす外来生物への規制が強化される。影響が深刻化しているからだ。環境省は、今国会に外来生物法の改正案を提出する方針だ。アメリカザリガニとアカミミガメ（ミドリガメ）を規制対象に加え、ヒアリ対策の強化も図る。

　C.　だが、この2種については、輸入や販売などに限って規制する仕組みを新たに設けるという。一律に規制をかけると飼育放棄につながる恐れがあるためだ。家庭で飼うことは認められる。

　D.　しかし、野外に放されて増えた結果、在来種の昆虫や水草が絶滅する例が相次いでいる。レンコンなどの農作物の被害も確認されている。現行法では、規制対象の生物を飼育するには国の許可を得なければならない。

　E.　20世紀半ばまでに米国から持ち込まれたアメリカザリガニとアカミミガメは、縁日で売られたり、学校で飼育されたりしてきた身近な生き物だ。（毎日新聞、2022年）

注
1)　最新の遺伝学から、人種は生物学的な意味を持たないと指摘されています。

第 **9** 章

実践ライティング 1　読書感想文（書評）

　これまでの学習を踏まえて、読書感想文（もしくは書評）を「序論 ― 本論 ― 結論」の
形で書いてみましょう。まずは「本の選び方と読み方」を学び、次に「書き方」を見てい
きましょう。

　苅谷剛彦氏は共著で以下のように記しています。

> 　英語であれ日本語であれ、私自身の経験では、一番むずかしいのが『書く』です。（中略）正し
> さは大前提で、その上で、どのようにわかりやすく、しかも説得力ある議論が展開できているか
> が、文章を書くというスキル育成の目標になるのでしょう。
> 　文章力の巧拙が問われるのは、書かれた文章が読み手に、何を、どのように伝えるかが問われる
> からです。（苅谷、2019）

　書くのが生来得意という人も稀にいますが、むしろ苦手意識のある人の方が多いのでは
ないでしょうか。日本漢字能力検定協会が 2016 年に新入社員に対して行った調査による
と、「論理的な文章が社会人にとって重要か」という問いに対して、97% が重要と回答し
ました。ところが、「論理的な文章力が身についていると思うか」との問いに対して、「と
ても思う」「そう思う」と回答したのは 21%、5 人に 1 人にとどまりました。
　また、同協会が 2021 年にテレワークを経験した社会人に尋ねた意識調査では、「生産性
向上のために文章力を高めたい」と回答した人は 91% に上りました。
　苅谷氏の主張と調査から、文章力は大きな課題でありながら、容易には身に付かないこ
とが伝わってきます。皆さんも今から意識すれば、3 年後、5 年後に大きな違いとなりま
す。

　ステップバイステップで進めていきます。

◆ ステップ① 読書感想文の本を選び、読みます

（1） 選び方

　自分が興味を持った本、もしくは同級生が興味を持ってくれそうな本をリストアップします。すでに説明しましたが、大学図書館でも、地域の公立図書館でも新書のコーナーがあるので、ぜひ足を運んでみてください。

　書店では最新刊を実際に手にとって眺めてみることができます。またウェブ上では、アマゾンのランキングのほか、紀伊国屋書店や丸善・ジュンク堂もベストセラーやランキングを掲載しており、参考になります。

（2） 選んだ理由

　ノートを一冊準備してください。なぜその本を選んだのか、ニュースで取り上げられ気になっていたのか、趣味のことなのかなど理由を具体的に考えてみましょう。

（3） 概要のまとめ方

① 一読して目次やあとがきなどで概要を把握します。

② ざっと斜め読み（スキミング）して、付箋やマーキングをします。

③ 分析読み（クリティカル・リーティング）をします。

　ノートに面白い所、心に響いた部分などを写します。本に付箋やマーキングします。ノートには、その部分をページ数とともに記します。次章でレポートを書きますが、その際にも役に立ちます。

④ キーワードも抜き書きします。

◆ ステップ②　書き方

序論：テーマと簡単な結論を記す。

本論：主張を裏付ける根拠や感想を具体的に書く。

結論：結論を記し、考察を記す。

次に以下のテンプレート[1]で感想文の構成を学んでいきましょう。

注
1）　テンプレートとは構成のパターンのフレームワークのことです。

■読書感想文（書評）のテンプレート（銅直・坂東、2021）

学籍番号　○○○　　氏名　山田　太郎

タイトル　母子の葛藤

序論　本のタイトル　『シズコさん』新潮社、2010
　　　　著者：佐野洋子
　　　　理由：なぜこの本を読もうと思ったのか
　　　　　　「母親は娘にとってどんな存在なのかということに興味があった」

本論１　どのような内容・ストーリーか
　　　・現在、著者の母は高級老人ホームに入っており、長女である著者はそのことに
　　　　罪悪感を持っている。
　　　・母の葛藤、父と兄弟・姉妹の仲など家族の歴史を振り返っていく。
　　　・著者は母のことが好きではない。

本論２　どのように感じたか
　　　・愛と憎しみが入りまじった激しい感情を持つ母と娘の存在に驚いた。
　　　・「母は私に嫉妬していたのだ」と述べているが、著者もまた母に嫉妬していた
　　　　のだと思う。
　　　・虐待した母を許せない著者の気持ちが痛いように感じられる。

結論　一番訴えたいこと
　　　・母親とは娘にとってどんな存在なのか。一番の理解者でありながら時として支
　　　　配者にもなる存在と言えるかもしれない。

■演習問題に取り組んでください。

演習1　自分で本を選んで読んだうえで、以下のテンプレートに書き込んでみましょう。そのうえで800字前後にまとめてください。

■読書感想文のテンプレート

学籍番号　　　　　　氏名

タイトル

序論　本のタイトル
　著者：
　理由：

本論1　どのような内容・ストーリーか

本論2　どのように感じたか

※全体の筋が通るように本論1でまず粗筋を書いて、次に感想（本論2）を書きます。

結論　一番訴えたいこと

以上を参考にしてまとめてください。以下のように書きます。

■感想文の書き方

・序論　書き出しと理由・根拠

1 文目：私が選んだ本は『〇〇〇』だ。
2 文目：「この本を選んだ理由は、〇〇〇〇のためだ。」
　　　　もしくは「なぜなら、〇〇〇〇だからだ。」
・本論 1　内容・あらすじを書く
・本論 2　感じたことを書く
・結論　　一番訴えたいことを書く

■読書感想文

学籍番号　　　　　　氏名

タイトル

演習2　完成したら、感想戦を行います。

感想戦の方法

1. 数人のグループを作り、感想文を読みます。
2. 筆者は読書と執筆プロセスを簡単に説明します。
3. ほかのメンバーは、良かった点と修正した方がよい点を指摘します。
4. 最優秀の感想文を選びます。

【書評に挑戦を】

　感想文は、自分が感じたことや感想を書くのに対して、書評は論評を書いて、紹介するのが目的です。英語では「book review」。re（再度）＋veiw（見る）との文字通り、批評するという意味が含まれます。新聞や雑誌の book review でどう評価されるかは評判や売れ行きを左右します。

　まずはどんな本なのか概要を分かりやすく書きます。その本の魅力、音楽で言うなら「さび」の部分を読者にどう伝えるかを意識してみてください。本が書かれた背景なども把握し、読者にとって読むに値するものかどうか情報を提示する必要があります。

第 10 章

実践ライティング2　レポート

　いよいよレポートの執筆です。レポートは自分なりに本や雑誌、論文を調べ、事実とそれに基づく自分の分析や推定、意見をまとめた報告書となります。すでに述べたように事実と分析・意見は区別して書くことになります。

　少し言い換えてみると、教員から与えられたり自分で選んだりしたテーマや課題について書きます。その際、①過去の研究成果や、本・新聞・雑誌の記事、統計②同じ課題をめぐる別の研究者の異なった意見 —— などを集めます。そのうえで、それを分かりやすく整理して、要約します。

【作文とレポート、論文の違い】			
	作文	レポート	論文
感想や意見	○	○	○
	体験したり思ったりしたことを書く	テーマについてのまとめや意見	仮設を調査や実験で論理的に証明する
調べる・証拠	△	○	◎
独自性	△	○	◎
文字の量	原稿用紙（400字）1～3枚程度	A4で1～数枚（1000～数千字）	A4で10～数十枚（1万から数万字）
参考文献	×	○	◎

※◎は特に必要な要素　○は必要な要素　×は不要な要素　筆者作成

　まず「テーマ」を決めるために、思い付いたテーマをいくつか書き出してみて、下調べをしてみます。レポートはすぐに書き始めずに、まず構成をしっかり考えてください。

◆ テーマの決め方

・読書感想文などこれまで読んだ本を参考にします。

・新聞を読んで、気になったニュースを探します。

・読解練習で読んだ長文について考えてみます。

◆ 問い

　そのうえで自ら「問い」を立てます。問いがレポートのテーマになり、レポートはそれへの答えを探る作業になります。

　しっかりとした「問い」を立てることは論文への道となります。「なぜ〜なのか」、「どのように〜なのか」、「〜と〜の違いは何か」、「〜すべきか」といった問いを立てることになります。

◆ いくつかの型

【レポート】　まとめて提出する。

1. 与えられたテーマ（本や雑誌）について、まとめる。
2. 本を読んだり、ニュース調べたりして、自分でテーマを決めて、まとめる。

大学の授業の課題では、1 や 2 のようなケースが多いです。

【論文】　論証して提出する。

3. 特定のテーマ（問題）について、論じる。
4. テーマ（問い、問題）を自分で立てて、論じる。

（戸田山、2022）

　この講義ノートでは、2 のテーマを決めてレポートをまとめるのが目標となります。そのうえで 4 の問題を自分で見つけて、調べること（論文執筆）も視野に入れます。

◆ テーマと流れ

　皆さん自身で大まかな流れ、骨格を考えてみます。「テーマ」に特別感がないと感じたら、サブタイトルを付ける手もあります。なぜそのようなテーマにしたのかという問題意識を記します。

　テーマがなかなか決まらないかもしれません。その場合、まずは一冊の本を読むと良いでしょう。すでに記したようにマーキングをしたり、付せんを貼り付けたりしながら読みます。大事なところはノートに内容とページを書き出しておくと後で整理しやすいです。

◆ 「テーマ」の決め方のヒント

　テーマの決め方は上述しましたが、以下をチェックしてみてください

□ 興味や関心があるのか
□ 情報を集められそうか
□ 自分の意見を提示できるか

　レポートを完成させるために、さらに情報収集を深めます。疑問が残ったところ、さらに深掘りしたいところを絞り込みます。大切なのは、どのような「ストーリー」にしたいのかです。最後に「結論」で言いたいことを示します。

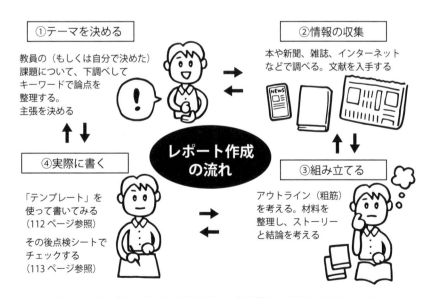

※イラストの中にあるページ数は固まった段階で、変更してもらいます。

◆ 大切なのは分かりやすい構成

　何を書きたいのか鮮明にすることが大切です。アウトライン（粗筋）は成長し変化します。調べて書くに従って、アウトラインは膨らんでいきます。当初のアウトラインは暫定的なものと考えてよいのです。

　ピント外れにしないためにも、当初構成をしっかり考えることも大切です。1つの段落で言いたいことは1つです。それをどう展開していくのか、まずは紙に書き出してみるとよいでしょう。

◆ スケジュール

　皆さんには、他の授業や課題、部活動やアルバイトがあります。締め切り間際に一気に進めるようでは考えも深まりづらく、満足のいくレポート作りは難しくなるでしょう。社会人になってもスケジューリングは極めて重要ですし、「時間は作るもの」です。

【工程表（スケジュール）の例】

日時	内容
6月1日	テーマを決める
6月2-4日	図書館やネットで文献や情報を収集する
6月5-7日	材料を整理しながら、おおまかな流れを決める
6月8-11日	材料を基にしながら書き始める。新たな資料があれば書き加える。グラフや参考文献も書く
6月12日	文章や構成、誤字脱字をチェックして完成
6月13日	もう一度チェックして提出する

※筆者作成

◆ レポートを読む

　自分で書く前に優秀レポートを読んでみましょう。

　次ページに、2021年度春学期に追手門学院大学経済学部で行われた1年生約400人のコンクールで優勝したレポートを、本人の承諾を得て掲載しました。テーマは「貧困」です。「貧困の連鎖を明らかにして、連鎖を断ち切る」のが主張です。序論、本論、結論を見ていきます。

　当人は、何度も修正して書き上げたことを付言しておきます。

■演習問題に取り組んでください。

演習 1

1. 次のページのレポートを音読したうえで、「序論」の「テーマ」と「問い」を記してください。
2. 「序論」、「本論」、「結論」を要約してください。
3. レポートの良い点と修正した方が良い点を考えて、グループで意見交換してください。

貧困の連鎖を断ち切る方法とは

堀内　孝剛

序論

　現在、日本では高所得者と低所得者間での格差が問題となっている。特に問題視されているのが貧困の連鎖である。貧困の連鎖とは、低所得者の子供も将来的に低所得者になる可能性が高く、貧困から脱却することができないことを指す。2020 年 7 月 17 日に厚生労働省が発表した「2019 年国民生活基礎調査」によると子供の相対的貧困率は 13.5% で、子供の 7 人に 1 人が貧困に苦しんでいる。相対的貧困とは、世帯の所得が、その国の等価可処分所得の半分に満たない状態を指す。これだけの子供が貧困に陥っていることは深刻な問題だが、その子供もまた貧困に苦しむ負の連鎖があるとすれば放置すべきでない。そこで、どうすれば貧困の連鎖を断ち切ることができるのか考察していきたい。

本論

　貧困の連鎖が起きてしまう原因として、まず、「学歴と収入が直結している」ことが挙げられる。

表 1　学歴別生涯年収

学歴（生涯年収）	男性	女性
中学卒	1 億 7,130 万	1 億 1,050 万
高校卒	1 億 9,040 万	1 億 2,470 万
高専・短大卒	2 億 40 万	1 億 5,890 万
大学・大学院卒	2 億 5,180 万	1 億 9,930 万

※「学歴別 年収・収入格差データ」を基に筆者作成

　表1にあるように、学歴が高くなるにつれ、生涯年収は高くなる。蓄えが少ない貧困家庭では、学費を払えずに高校や大学への進学を諦めてしまう家庭も少なくない。内閣府が発表した「子供の貧困に関する指標の推移」によると、ひとり親家庭の大学進学率は30%、生活保護受給世帯の進学率は40%で、全世帯の進学率70%に比べて大きな開きがあることが分かる。収入が学歴により左右される社会では、貧困世帯の子供は学費等の問題により、高学歴を目指すことが困難になる。しかし、日本の教育自体は世界でもトップレベルと言えるだろう。教育自体に問題がないのであれば、貧困家庭にかかる教育費などの負担に対する援助不足が問題ではないだろうか。

表2　OECD諸国におけるGDPに占める公的
教育費ランキング

1位	ノルウェー	6.4%
2位	アイスランド	5.5%
3位	デンマーク	5.4%
37位	日本	2.9%

※2020年9月8日日本経済新聞より筆者作成

　表2は、経済協力開発機構（OECD）が2017年に行った、公的教育費の割合についてのランキングだ。公的教育費の割合とは、国内総生産（GDP）に占める小学校から大学に相当する教育機関向けの公的な支出で、日本はOECD38カ国中、37位である。貧困に苦しむ家庭が国から少額の援助しか望めない中で、高額な教育費を支払っていかざるを得ない現実を示している。では、どうすれば経済格差による学歴への影響を極小化することができるだろうか。

　この問題を解決する足掛かりとなる政策がある。大阪府、大阪市が推し進める「私立高校等の授業料無償化」だ。この政策は、家庭の経済事情により、子供が進学を諦めることなく学業に挑戦できるように、所得が府の定めた基準を下回る家庭の授業料を無償化するというものだ。さらに、相対的貧困率が他県と比べて高い大阪府は、課題解決に向けて、ひとり親家庭への給付金配付、保育料軽減、児童扶養手当の多子加算額の引き上げなど、貧困家庭に多くの支援を行っている。貧困により、進学を諦める子供が増えることは、将来を担う若者の希望を奪うことにつながりかねず、日本の損失とも言えるだろう。行政が家庭の負担を肩代わりすることによって、経済問題による学歴の格差を埋めることが可能なのだ。

　充実した行政による補助実現には、多くの時間がかかるだろう。国や地方自治体に頼り

きりにならずに、貧困家庭の子供のための無料の塾のボランティア活動を増やしたり、我々学生も参加してみたりするなど、国民全員で子供の学習成果の達成を後押ししていく必要があるだろう。

結論

　私は日本における貧困の連鎖を断ち切るためには、経済格差による学歴への影響を無くしていくことが不可欠と考える。そのためには、政府や国民が貧困家庭の教育費や学費の支出を援助する新たな補助制度を導入することや、学習塾への支援を含めた地域での自助を促す活動の後押しなどが必要だ。子供の過酷な現実をなくし、一人ひとりが自分の能力を高めていけるように勉学への希望を守るべきだ。

【参考文献】
・厚生労働省「2019 年 国民生活基礎調査」https://www.mhlw.go.jp　2020 年 7 月 17 日発表（2021 年 6 月 13 日アクセス）
・「グローバルノート 国際統計データ専門サイト」https://www.globalnote/jp（2021 年 6 月 13 日アクセス）
・「高校学校等の授業料無償化を促進する条例」https://www.pref.osaka.lg.jp　大阪府ホームページ（2021 年 6 月 13 日アクセス）
・「子供の貧困に関する指標の推移」https://www8.cao.go.jp　内閣府ホームページ（2021 年 6 月 13 日アクセス）
・「学歴別　年収・収入格差データ」https://www.nenshuu.net（2021 年 6 月 13 日アクセス）
・NPO 法人「キッズドア」https://kidsdoor.net（2021 年 6 月 23 日アクセス）
・「OECD 主要統計」https://www.oecd.org　OECD（2021 年 6 月 30 日アクセス）
・「子どもの貧困対策に対する 大阪府の取り組み紹介」https://www8.cao.go.jp 大阪府（2021 年 7 月 4 日アクセス）
・「OECD Better Life Index 教育総合ランキング」https://www.oecdbetterlifeindex.org　OECD（2021 年 7 月 4 日アクセス）
・日本経済新聞（2020）9 月 8 日付け朝刊「日本の教育、公的支出低調 17 年 OECD 調査」https://www.nikkei.com（2021 年 7 月 4 日アクセス）

　以下のテンプレートでは本論 1 と本論 2 の展開の仕方を学習します。

　本論 1 で肯定的な意見（Yes）、本論 2 で否定的な意見（But）という形を取っているケースです。

■レポート執筆　　テンプレートの実例

テーマ　電気自動車の急拡大は可能なのか

　　　　　学籍番号　○○○　　　氏名　山田二郎

序論　・テーマを選んだ理由

　　　・「急拡大は可能なのか」と問いを立てる。

　　　・賛否があることを記す。

本論1　Yes（肯定的な意見）を書く

　　　「確かに〜」と書き始める。

　　　自動車のCO_2削減に賛成する意見は圧倒的だ。確かに温暖化は確実に進んでいる。このため自動車メーカーも電気自動車のラインアップを充実させている。各国政府も補助金などで後押しをしている。

本論2　But（否定的な意見）を書く

　　　しかし問題もありそうだ。内燃機関に比べたバッテリーの価格の高さや、バッテリーの原料であるリチウムやコバルトのサプライチェーンをめぐる心配もある。電気自動車がマスマーケットになった場合、政府が補助金を出すのは難しくなるだろう。

結論　急拡大し続けることは難しいのではないか。

■このほか、レポートの本論のパターン

「問題提起」をして、「調べ」て、「本論1」「本論2」で比較します。

上記以外にも、以下のようなケースがあります。

パターン1　メリットとデメリットを書く

　本論1「メリット」

　本論2「デメリット」

パターン2　長所と短所を書く

　　本論1「長所」

　　本論2「短所」

パターン3　物事が起こった前と後を書く

　　本論1「事前の状況」

　　　　　　何か物事が起こって

　　本論2「事後の状況」

パターン4　自分と反対の立場と自分の立場を書く

　　本論1「自分の意見と反対の立場の根拠」

　　本論2「自分の立場の根拠」

パターン5　現状に加え具体的なケースを書く

　　本論1「現状と問題点を書く」

　　本論2「具体的なケースを書く」

結論（考察）

結論は本論を踏まえて、自分なりの考察や解決策を記します。

演習2 実際にテンプレートを埋めたうえで 1,500 字以上のレポートを書いてみてください。

■レポートのテンプレート

テーマ＿＿＿＿＿＿＿＿＿＿＿＿＿＿

テーマに問いが
ありますか？

氏名＿＿＿＿＿＿＿＿

序論　・テーマを選んだ理由
　　　・賛否があることを記す

本論 1　「確かに〜」（自分と反対の意見に、客観性をもって賛同する）

本論 2　「しかし〜」（自分の意見を、客観性をもって主張する）

結論　　「こうしたことから〜」（自分の意見を書く）
　　　　　　　　＝考察を書く

◆ レポートのチェック

　レポートが完成したら以下のポイントがクリアできているかどうかチェックしましょう。他人のレポートの間違い探しのつもりで、自分の原稿を調べましょう。

【点検シート】以下の□をチェックしていってください。

• 文章のテーマと構成について

□ テーマは的が絞れていますか。そして内容は具体的ですか。

□ 内容がテーマにふさわしいものになっていますか。論じていることと結論に矛盾は
　ありませんか。

□ 段落（パラグラフ）はまとまりのあるテーマを扱い、段落同士が的確に（論理的に）
　つながっていますか。分かりやすいですか。

□「事実文」と「主張や意見文」が区別されていますか。

□ 文章は長すぎず、クリアに書かれていますか。事実の裏付けがないまま、独断で文
　章を書いていませんか。

□ 参考文献は信頼できるものですか。

□ キーワードは繰り返し強調されていますか。

• 文章の表現・形式

□ 議論の展開に応じて、段落を適切に区切っていますか。段落を替えたら、一文字分
　あけていますか。

□ 主語と述語が整っていますか。

□ 用語は一貫して使われていますか。話し言葉ではなく、書き言葉になっていますか。
　「だ・である調」ですか。

□ 誤字脱字がなく接続詞が適切ですか。

演習3　レポートの感想戦

完成したら、感想戦を行います。

1. 数人のグループを作り、レポートを読みます。
2. 筆者は読書と執筆プロセスを簡単に説明します。
3. ほかのメンバーは、良かった点を3つと修正した方がよい点3つを指摘します。
4. 最優秀の感想文を選びます。

第 **11** 章
***

ライティング補足　インタビュー・自分史

　ここでは「インタビュー」の方法と「自分史」の書き方を説明します。インタビューでは教員や外部の方に話を聞きます。体験談やビジネスモデルの話、挑戦する姿などを疑似体験することで、やる気も思考も深めていきましょう。

◆ 事前の準備

　当日のインタビューを充実したものにするには、「事前準備」が大切です。具体的には質問を作ったり、相手の経歴を調べたりします。しっかり備えるかどうかは、インタビューの成否を大きく左右します。ここでは、実際のインタビューの方法やその後の記事のまとめ方などを説明します。

　だれに何をインタビューするのか、テーマと意図を明確にします。準備には、質問項目についての下準備と、インタビューをする相手についての情報収集があります。インタビューにかける時間にもよりますが、質問もいくつか作っておきましょう。

　取材のアポイントを取る際、質問や何のためにインタビューして、どう使うのかを知らせておくと相手が安心できます。質問項目に加え、取材相手を知る人に、人物像などを事前に聞いておくとなおよいでしょう。また、ノート、ペン、録音機器などを準備しておきましょう。

◆ 実際のインタビュー〜話をどう聞くのか〜

　初めに自分の所属と名前の紹介とあいさつ、そしてインタビューの意図を改めて伝えます。取材相手の名前、肩書き、連絡先を聞きます。

　質問は項目に従って聞いていくのが一般的です。分からないことはその場でさらに質問をしましょう。中には「はい」や「いいえ」でしか答えてくれなかったり、答えても一言で終わってしまったりするケースもあります。その場合、その質問を様々な言葉で言い換

えて追加で聞いてみます。

　相手の言葉を要約して「なるほど、○○○ということですね」と引き取ったり、相手と同じ言葉を繰り返したりするのもよいでしょう。

　一番質問したいことも忘れないようにしましょう。記事の中で最も訴えたいことが、新聞でいうところの「見出し」になります。

　・話をつなぐ

　沈黙が続いたら、どうしますか。インタビューのプロでさえ「はじめのころは沈黙が怖くて仕方なかった。（中略）寡黙なインタビューイーの場合、用意していった質問項目が次々とクリアされてしまい、ああもう聞くことがなくなる、とドキドキしていた」（永江、2002）と言います。そうならないためにも多めに質問を用意することです。

　ただし同じ言葉で何度も聞き返すと、尋問のようになりかねないので、話題を変えてみるのも効果的です。例えば「○○といえば、××ということがありますね」などと話せば、連想ゲームのように相手のインスピレーションを誘い、話が弾むことがあります。

　インタビュー中は落ち着いて質問をするとよいです。相手が考えている途中に、さっさと次の質問に移ってしまうと、話が十分引き出せないことがあるためです。後から悔やむことにもなりかねません。

　もちろん、話しやすい雰囲気づくりという意味で、笑顔と明るいトーンの声が大切なことは言うまでもありません。

　・アドバイス

　取材相手が話していることが分かりづらい部分は、率直に質問しましょう。取材相手は往々にして年配者で、取材する側とは経験も知識も異なります。取材相手がこちらの目線に合わせて話してくれるとは限らず、誤解が生じても不思議ではありません。

　例えば「青い海」と聞いても、爽快な夏に沖に向かってどこまでも泳ぐイメージから、リゾート開発のイメージまで、言葉によって浮かぶ像は一人ひとり異なります。同じ言葉を話していても、双方イメージしている内容は異なるのです。そのため相手のことを少しでも知ろうとする事前準備はとても大切です。

　・応用編

　質問項目に沿って聞いていくのも大切ですが、取材相手から何を重点的に引き出したいのかをイメージしておくことも大切です。また相手が話したいことを敏感にキャッチし

て、話してもらうことで、秘話も聞けるかもしれません。

　取材後の対応が大切なこともあります。プロは、録音機器を止めた後に何を聞くかを考えています。緊張が緩んだ時、思わず本音を漏らすことがあるためです。またどうしても聴きたいことがある場合、オフレコを条件に質問する手もあります。オフレコで聞き出した内容は記事にはできませんが、興味や理解が深まったり、物事の真相が見えてきたりすることがあります。全体を把握するうえでも、役立つでしょう。

◆ 花屋さんへのインタビューの準備例

取材対象　　　：地元商店街にあるお花屋さん

日　　時　　　：20○○年○月○日

テーマ　　　　：コロナ後の地元商店街と花屋の活性化策

アウトプット　：授業で800字の原稿にまとめる

持ち物チェック：□ノート　□カメラ（スマホ）　□ペン　□録音機

事前にチェック：商店街の主な店舗と店舗数、訪れる人の数の推移

創業年や何代目など、分かることは調べておきます。

質問項目の例

① 花屋の基本・事実の確認

② 商店街の歴史と現状、課題

③ 花屋ビジネスの現状と経緯

④ コロナ禍の影響

⑤ 花屋ビジネスを、どう変えたのか

⑥ ウェブ対応の工夫について

⑦　今後のビジネスについて（多角化や買収など）

⑧　お客様とのやりとりで印象に残っていること

⑨　一番大変だったこと、乗り越え方

⑩　仕事をするうえで、大切にしているモットー

上記を参考にインタビューに備えたテンプレートを埋めてください。

◆ インタビューのテンプレート

取材対象（誰に）　　　：

日　　時（いつ、どこで）：

テーマ　　　　　　　　：

インタビューの目的　　：

・持ち物チェック　□ノート　□カメラ（スマホ）　□ペン　□録音機

・事前にチェックしておくこと

質問項目

①　＿＿＿＿＿＿＿＿＿＿＿＿＿＿＿＿＿＿＿＿＿＿＿

②　＿＿＿＿＿＿＿＿＿＿＿＿＿＿＿＿＿＿＿＿＿＿＿

③　＿＿＿＿＿＿＿＿＿＿＿＿＿＿＿＿＿＿＿＿＿＿＿

④　＿＿＿＿＿＿＿＿＿＿＿＿＿＿＿＿＿＿＿＿＿＿＿

⑤　＿＿＿＿＿＿＿＿＿＿＿＿＿＿＿＿＿＿＿＿＿＿＿

⑥　＿＿＿＿＿＿＿＿＿＿＿＿＿＿＿＿＿＿＿＿＿＿＿

⑦　＿＿＿＿＿＿＿＿＿＿＿＿＿＿＿＿＿＿＿＿＿＿＿

⑧　＿＿＿＿＿＿＿＿＿＿＿＿＿＿＿＿＿＿＿＿＿＿＿

◆ インタビュー後の作業の工程

・テープ起こし

・材料整理

・粗筋と見出しづくり

・執筆

◆ まとめる方法

　ワードで原稿にして提出するのか、新聞にしてみるのかによって形式は異なります。ここでは３つの形（スタイル）を示しておきます。

（１）　対談スタイル

　記者　　　：コロナ禍で何が変わりましたか？

　○○さん：ウェブでの注文が大幅に増えました。やはり…

　記者　　　：印象に残っているお客さんはいますか？

　○○さん：30年交流しているお客様がおられ、今では良き友人です。注文が減り、苦しかった時に支えてくれました。店も私個人も人に恵まれています。

（２）　一般記事スタイル　※取材する記者側（インタビュアー）視点で書く

　○○さんは「コロナ禍で変わったことは、ウェブでの注文が増えたことだ」と話す。30年交流しているお客様は今や良き友人。注文が減った時も支えてもらった。「店も私個人も人に恵まれている」という○○さんの言葉には実感がこもっている。

（３）　取材相手（インタビュイー）が語るスタイル　※一人称。地の文で書いていきます

　コロナ禍で変わったのはウェブの注文が増えたことですね。注文が激減する中、30年交流しているお客さんが気遣ってくださり、支えてもらいました。店も個人も人に恵まれています。

　もっとも強調したい部分をリード（前文）に持っていくとよいでしょう。それが見出し（最も言いたいこと）になります。

　（２）が通常の記事の形です。

　IC レコーダーで録音した言葉をそのまま文章にしても意味が通じないことが少なくないので、注意が必要です。主語や状況を補ったり、口語から文語に替えたりする必要が出てきます。

　以下のようにテーマに沿ってカギカッコで話し言葉を書いていきます。

　例　　○○氏は「コロナ後の観光は近場から再開するのは確実だ。外国人旅行客が 2019

年段階まで戻るには時間がかかるでしょう」と話した。コロナ感染症次第ではあるが、まずは自宅から 1-2 時間の旅行「マイクロツーリズム」から活発となるが、外国人旅行客で国内がにぎわうのはかなり先であるとの見通しを示したものだ。

このように話し言葉をカギカッコで書いたあとに、その言葉の意味や背景を説明します。

取材相手が話したことが記憶違いということも起こりえます。何か違和感が残った場合、きちんと確認するなど疑問をなくすようにしましょう。そのためにも連絡先を聞いておくことはとても大切です。

◆ 教員へのインタビューの場合

大先輩にあたる教員をインタビューしてみるのも興味深いのではないでしょうか。教員の歩みや専門分野をまとめるのか、それを参考に自分の大学生活の目標をまとめるのかをはっきりさせて取り組んでみてください。

・質問例
① 大学時代をどう過ごしたか。
② どのように専門を決めたのか。
③ どうやって壁を乗り越えたのか。

■演習に取り組んでください。

演習 1

以上を参考にインタビューを行い 800 字にまとめてください。

【自分史の叙述】

　自分史づくりに挑戦する人が増えているそうです。若者世代にとっては、今後の指針を形作るうえでも、自分らしく生きるためにも役立てることができるかもしれません。年配の方にとっては過去を振り返り整理することは自分の楽しみにつながるほか、家族に残したり、脳を刺激したりすることにもなるといいます。

　・手順

　自分の生きてきた歩みを年表にまとめます。そのうえで、下にあるようにグラフで表したライフラインチャートを書いてみてください。他人の目線で自分を見てみましょう。できればグループで説明をして、周囲から意見をもらえば今後の道を照らすヒントになるかもしれません。

　書きたくないことは無理に書く必要はありません。書いて言葉にできれば、コンプレックスと向き合う一歩になることもあるようです。

◆ライフラインチャート

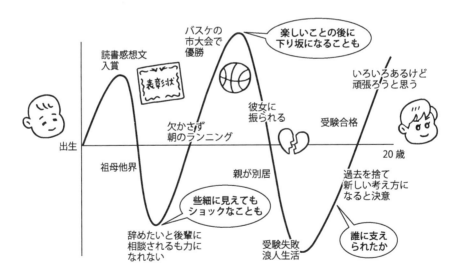

　上のグラフを参考にして、自分の良かった時と悪かった時を時系列で書き出し、次ページのライフラインチャートを作ってみてください。

■ライフラインチャート

【自分史づくりの深掘りの方法】

①　年表を作ったり、ライフラインチャートを作ったりする。同時に社会で起きた出来
　　事などを加える。

②　日記やアルバム、手帳を見て、当時何が大切だったのかを思い出す。

③　親や兄弟、恩師に話を聞いてみる。

④　誰のために作るのか、読み手を考える。

⑤　4年間の目標や将来の夢を入れる。

⑥　ストーリーを考える。

　※毎日新聞（2021）掲載の河野初江さんのアドバイス参考

　ライフラインチャートを書いてみた印象はいかがでしたか。意外にアップダウンがある
と感じたのではないでしょうか。また、ぜひ家族や友人に自分のことを尋ねてみてくださ
い。普段気付かない第三者から見た「自分」像はきっと新鮮に映ることでしょう。

■演習　自分史づくり

① 準備ができたら、自分史を 800 字程度で書いてみてください。

② 就活や生きていくうえでの参考にしてください。

第 **12** 章

プレゼンテーションの基本

　プレゼンテーション（以下プレゼン）には様々な方法があります。①ワードやパワーポイント[1]（PPT）、PDF での説明②黒板に要点などを記述③レジュメを配ってそれに沿った説明 ―― などがあります。今回はパワーポイントのプレゼンについて説明します。

1. テーマ設定

　教員が設定する場合と自分たちが選ぶ場合があります。例えば時事問題の中から、テーマを決めていくのもよいでしょう。

2. 調べる

　レポートと同様、キーワード検索などをしてみると良いです。第一報のニュースについて事実を調べ、正しく理解したうえで、そのニュースが持つ意味や発信者の意図について、解説記事なども読んで調べます。

3. 結論を導く

　論があちこちに飛ばないよう注意しながら、結論を導きます。

4. 粗筋をまとめてみる

　以下のように大まかに紙（もしくは PPT）にまとめてみましょう

・はじめに

・結論（仮説）

・具体例　　1. 具体例 a　　2. 具体例 b

・結論

　プレゼン資料は「PREP法」でまとめてみてください。視聴者が話者の話に集中してくれるのは、冒頭と結論であるためです。授業や研究発表から、企業の会議の報告や講演会まで幅広く応用することができます。

　文章執筆と同じく、話をしっかりとつなげて書くことが重要です。

> ※PREP法とはまず「結論」（Point）を書いた後に、理由（Reason）と具体例（Example）を記します。そのうえで、再び結論（Point）を書きます。特に社会人は分刻みで仕事に追われており、自分にとって重要でなければ最後まで聞いてくれるとは限りません。まず、結論を話して相手の関心をひくことが必要となります。「結論」を先に書き、次に「説明」をしていくという構成は、新聞記事も同じです。

◆ ロジカルであることの大切さ　1

　だれかが「AならばBである」と話しても、別の人に伝わらない場合があります。どこに話し手と受け手の離齬（そご）が生じるのかを考えてみましょう。

図表３

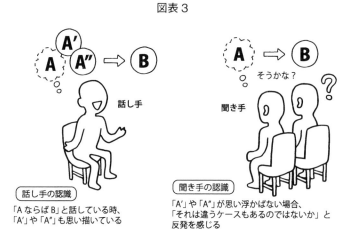

「ロジカル・プレゼンテーション」（高田、2016）参照

　図表３で、話し手は頭の中で「A」だけでなく、「A'」や「A"」も同時にイメージしているため、話し手にとっては「AならばBである」が成り立っています。

　ところが、聞き手の脳裏に「A'」や「A"」が浮かんでいないとすると、「AならばBである」という説明を理解できなくなります。文章の場合も同様ですが、「AならばB」が説得力を失わないように気を付けましょう。

◆ ロジカルであることの大切さ2

　話し手は「AならばB」と話しています。ですが、いくつもの前提があり、飛躍していることがあります。そうなると、聞き手の頭にはイメージが湧きません。

　図表4を見てください。この場合、「AならばBである」という説明にいくつかの仮定があるケースです。話し手が前提をしっかり説明すれば聞き手に伝わります。ところが仮定をていねいに説明しなければ、聞き手にとっては話が飛躍したように聞こえ、伝わらなくなります。

図表4

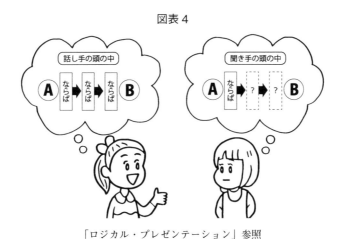

「ロジカル・プレゼンテーション」参照

◆ パワーポイント・3つの基本

　①　文字の色や大きさ、コントラスト

　②　レイアウトの見やすさ

　③　グラフや表

　背景は慣れないうちは白系を選び、文字（テキスト）は黒にします。

　強調したいところは赤などを使います。ただし原色はあまり使わず、暖色系や寒色系など、その色が与える印象を考えながら、色を選びましょう（直江、2020）。アクセントのカラーは補色を使うとよいです。

　・背景の色　　　　　白が基本

　・文字のカラー　　　黒が基本

◆ グラフや表

下の数字はネットフリックスの会員数の推移です。これをグラフにしてみましょう。

2016 年　　　8,909 万人

2017 年　1 億 1,064 万人

2018 年　1 億 3,925 万人

2019 年　1 億 6,709 万人

2020 年　2 億 366 万人

◆ パワーポイントでグラフを作る場合の一例です。

① PPT の上にある「挿入」タブの中から、「グラフ」を選びます。左側に「縦棒」や「折れ線」「円」などと表示されます。「縦棒」にある「集合縦棒」を選び「OK」を押します。

② エクセルの表（緑）の「カテゴリ 1」に 2016、「カテゴリ 2」に 2017 という具合に 2020 まで入れていきます。

③ エクセルの「系列 1」に「年」と書き込んだうえで、その一段したから「8909」、「11064」と万人単位で数字を入力してください。右肩上がりのグラフが現れます。「系列 2」「系列 3」は使わないので、「削除」し、表を閉じます。

④ 西暦や会員数の数字が小さいため大きくします。

⑤ 「テキストボックス」をクリックして、タイトル「ネットフリックスの利用客の推移」や、「出典：NETFRIX Investors」を書きます。

⑥ グラフを分かりやすくするために、一億人突破と吹き出しを入れてみましょう。

図表 5　ネットフリックス利用客数の推移

出典：NETFLIX Investors を参考に筆者作成

　「挿入 → 図形 → 吹き出し」と選んでください。右クリックで色を変えたり、文字のフォントを変更したりすることもできます。

◆ グラフの効果

・円グラフ

　図表6を見て下さい。乾燥肌に悩んでいる人が6割を超えていることが一目で理解できます。円グラフは、このように全体を100%として、それぞれの項目がどのくらいの割合なのかをみることができます。このグラフは2項目だけを示していますが、市場のシェアなど複数項目の割合を把握できます。

図表6　冬の乾燥肌に悩んでいますか？

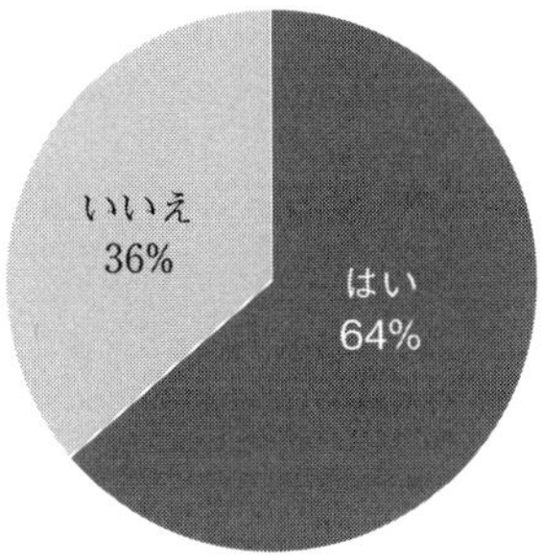

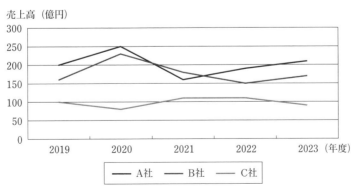

出典：「大学生のレポートの書き方第三弾」を参考に筆者作成

・折れ線グラフ

　時系列（時間）に沿って、データの変化を示すことができます。複数の会社の売上高比較や特定の商品の利用者、人口の変化などに使うことができます。

図表7　競合3社の売上高推移

◆ 強調する

　次に図表8と図表9を比べてみましょう。図表8は事実を淡々と伝えていますが。読者は3年で3倍になったことに気付かないかもしれません。図表9はそれを強調しており、だれもが3倍になったと気づきます。

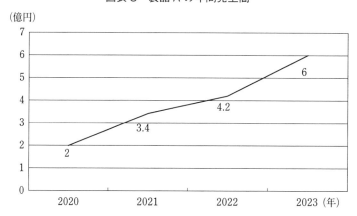

図表8　製品Aの年間売上高

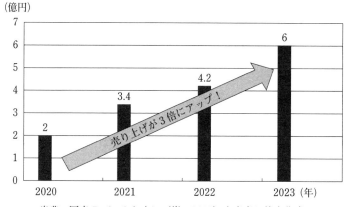

図表9　製品Aの年間売上高

出典：図表7、8、9ともに（岸、2018）を参考に筆者作成

◆ パワーポイントのスライドの例

　1枚目に大きくタイトルを書き、所属、名前を書きます。

　2枚目に目次を書きます。パワポは以下を意識して作ります。

「起」　背景や目的と簡単な結論

「承」　現状や課題

「転」　分析や解決への提案

「結」　結論、考察

◆　作るうえで大事なこと

・レポート同様ですが、何を伝えたいのかを明確にしましょう。

・上述したように説明が飛躍しないようにしましょう。

・文字を詰め込み過ぎないようにしましょう。

　　※1つのスライドには、メッセージは1つにとどめます。

◆　原稿の準備

　原稿は、グループ内はもとより、グループ同士でもチェックしましょう。論理的であることは大切ですが、同時に口頭の発表なのでレポートよりも伝わりやすさを優先することが大切です。

　NHKのアナウンサーの場合は1分間300字が目安だそうですが、プレゼンで話す文字数は250字程度とされます。

・分かりやすさが大切です。

・流れを鮮明にします。

・大事な情報は繰り返します。

・聞き手が理解しやすい言葉を使います。

◆　リハーサル

　実際に読んでみると、滑舌が悪くなったり、早口になったりするかもしれません。意識的にゆっくりと話す練習をします。友人や同僚にスマホで動画を撮ってもらい、チェックしてみましょう。

　棒読みにならないように、抑揚を大切にします。「あのー」や「えーと」はなるべく入れないようにします。

◆　前日にチェック

　パソコンや機器が映るか、USBが使えるかなど機器を前日までにチェックしておきましょう。

◆ プレゼンテーション当日

以下の点に留意しましょう。

・流れの確認

　　プレゼンの内容を何度か確認しておきます。

・笑顔で

　　「おはようございます」「よろしくお願いします」とあいさつします。テーマと名前を告げます。笑顔で、ハキハキと話しましょう。

・ゆっくりと

　　慣れるまでは早口になりがちです。意識して、ゆっくりと丁寧に話します。

注

1)　パワーポイント（PPT）はプレゼンテーションを行うためのソフト。文書の文字やグラフ、表を自在に並べて、効果的に動かすことができる。

■演習問題に取り組んでください。

演習 1

　ここでは「ニュースの真相」と題して、国内外のニュースを選び、パワーポイント数枚にまとめてください。①パワーポイント作成の経験②読んでまとめる力の向上③時事問題への精通 —— といったことが期待できます。これを機にニュースを読むクセを付けましょう。

・注意点

①　旬のニュースを選び、新聞やウェブなどで詳しく調べること

②　ウェブの場合、信頼性が高いと思われる HP や出所が異なる情報を意識して使うこと
　　※個別の情報発信には往々にして意図があるので、数多くの情報にあたり、真実に近いものに絞り込んでいくことを意識してください。

③　PPT の見やすさを意識すること

④　内容に展開があること

⑤　参考文献を書くこと

第 13 章

グループディスカッションの手順と方法

　学生、社会人を問わず、チームでの活動は大切です。多様性のある、積極的なチームが作れれば、1足す1が2以上になる相乗効果が期待できます。他人は往々にして、自分一人では思い付かないことに気付かせてくれます。

◆ チームビルディング

　グループディスカッションの方法に入る前に、チームビルディングについて記しておきます。チームはしばしば相乗効果を発揮できないどころか、やっているのはメンバーの一部で、あとはフリーライダーになってしまいかねません。人がやる気になるのはそう簡単ではないことを示していますが、チームを1つにまとめるには、安心して、議論できる空間を作ることが不可欠です。

　チームとの距離を近づけるには、二人一組のペアワークを多く取り入れるなどして、相手をよく知ることが大切です。NPO法人「一新塾」（東京都）の森嶋伸夫代表理事はこれまで起業家や政治家6,000人を育成した経験から、折角チームを作っても信頼関係が構築できずに、行き詰まるケースが少なくなかったと話します。不安や遠慮をなくすために、いきなり多くの人数で話さず、ペアワークを増やしたと言います。

　数週間以上の単位でチーム活動を続ける場合、ミッションとビジョンが求められるといいます。ミッションは自分たちのチームは何のために存在しているのかという使命や役割のことです。またビジョンはミッションに裏打ちされた自分たちが実現したい未来像です。ワクワク感のある理想像でもあります。

　ミッションやビジョンの策定をめぐり、メンバーがミッションやビジョンを自分の言葉や感覚に落とし込めるかどうかも大切です。森嶋氏は、何が目標で、それは興味が持てる内容なのか、心が躍る部分があるのか、チーム全員で納得できたかが、チームビルディングには極めて大切と強調します。

大学でも企業でもチーム作りの際には、ぜひ意識してみてください。

◆ ディスカッション

グループディスカッションでは、与えられたテーマについて、一定の時間内に議論を行い、結論を発表します。授業などで体験した方も少なくないことでしょう。グループで取り組むため、自分では思いもよらない意見が出てきます。ところが意見は出てもなかなか集約できないといったことも起こります。

さて新卒採用では、多くの企業の人事部がグループディスカッションを取り入れて、選考審査をします。メンバーは少人数から 10 人を超えるケースもあります。内容的には、特定のテーマで企画を立てポスターや企画書など成果物を作成するものや、お店の売り上げを競わせるケースなどがあります。

グループディスカッションには、「お題」の定義の仕方から、自分のポジションの取り方まで重要なポイントがあります。社会人になってからも、商品開発など様々な場面でグループディスカッションは日常的に行われ、各自が最高のパフォーマンスを発揮し、よりよい成果物を生み出すことを求められます（吉田、2014）。就活でも協力して質の高いプレゼンができれば、グループ全体も評価されることになります。

就職活動の本には、「司会や書記を決めましょう」「話しやすい雰囲気を作りましょう」などと書かれています。一歩踏み込んで、グループディスカッションの意味や効果的な対応策を探り、取り組んでもらいます。

◆ グループディスカッションの流れ

お題が出されたら、以下のように役職やタイムスケジュールを決めます。自己紹介をする際に、名札がない場合は全員の名前をメモしておきます。

時間が 30 分の場合、例えば以下のように設定します。
1　お題の定義、役職、スケジュール　　（5 分）
2　ディスカッションとまとめ　　　　　（20 分）
3　プレゼン準備　　　　　　　　　　　（5 分）

では具体的に見ていきます。

（1）「お題」……定義付けなど

　お題は、チームで選べる場合と指定される場合があります。いずれもメンバー同士で、お題についての定義や背景を定めることが大切です。これがないと議論が拡散しやすくなります。

　例えば「外国人観光客を増やす方策を考えてください」とのお題が出されたとします。「富裕層にターゲットを絞る」「訪れる地域を限定する」といった条件を考えれば、結論に向け議論がしやすくなります。

演習1	定義付けを考える

　「不動産販売を増やすにはどうすればよいか」がお題です。どのように条件付けしますか。考えてみてください。

（2）役職の決定

　「司会」、「書記」、「タイムキーパー」の3役を決めます。意見をリードするのが苦手な人は、メンバーが意見を出すことを促す「ファシリテーター」役を任じてみてください。

　　※役職から決めてもよいですが、お題の定義づけをする中で、お互いにそれぞれの人柄を確認してから決めるのもよいでしょう。

（3）　ディスカッションとまとめ

・ディスカッション

　最も時間をかける部分です。メンバーがまず個別に意見を出し合っていくとよいです。「1分考えて30秒ずつ発表しませんか」などと切り出してみてください。また質問してみることは、議論を深めることにつながります。

・まとめ

　「多くの議論が出ましたが、まとめるとこのような話ですね」などと、それまでの話を総括します。まだ議論を進めるのか、それともまとめるのか判断が必要になります。

（4）　プレゼンテーション

　1～数分で発表のケースが多いです。就活なら面接官にアピールし、大学なら教員や学生に向けて発表します。発表者は、冒頭に決めてもよいですが、グループの議論の流れを見ながら、自然に決めてもよいでしょう。

　表現力も問われます。「ディスカッションとまとめ」の段階で、時間を取って、発表の練習をしてみましょう。

◆ ディスカッションを前に進める方法

　ディスカッションの進め方ですが、発表時に視聴者がイメージを抱きやすいように具体的に話を進める必要があります。メンバーの話が抽象的な場合は「例えばこういうことですか」と聞き、「**具体化**」してもらいます。逆に具体的な話がたくさん出てきた後には一言にまとめる「**抽象化**」の必要が出てきます。具体化したりまとめたりしながら、話を「**進め**」ていきます。「進め」るの中には、上述したように定義づけも含まれます。

　例えば「泊まってみたいホテルとは？」がお題とするなら、「ホテルと言っても、ファ

◆具体化、抽象化のイメージ

果物　フルーツ　果実

具体化 →

← 抽象化

みかん　　ぶどう

さくらんぼ　　スイカ

抽象的な名詞　　　　　　　　　具体的な名詞

ミリー向けか高級化路線か、バックパッカー向けかによって違いがあるから、対象を絞り込むところから始めてみませんか」といった具合です。

　自由に話して発想が十分に広がった場合やテーマから逸れた場合、本題に戻します。話が分かりにくくなった場合、もしくは議題が変わった場合には「確認」しましょう。最後に「まとめ」ます。

　文章を書く時のように抽象と具体を行ったり来たりします。

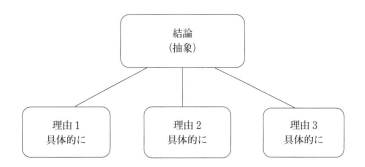

　上の図は説得性を持たせるために理由を3つ並べて、結論を出しているイメージです。「理由1」、「理由2」などを話す際には、ポイントを絞って一言で話すことが大切です。

◆ ディスカッションのポイント

・タイムスケジュール

　一人1分考えて30秒でチームと共有しても、4人で6分かかります。タイムスケジュールを詳細に決めておかないと時間が足りなくなります。

・批判しない

　反論する場合も「yes, but」といった形で、一度肯定したうえで意見を出せば、相手の意見と自分の意見が止揚[1]され、より良い意見となる可能性が高まるでしょう。

・意見が対立した場合

　議論し続けるか、飛ばして先に行くのか見極めが必要になります。一段高い意見を生み出す意識が大切になります。同時に議論が拡散しないように注意をする必要があります。

・戦うのか、譲るのか

メンバーと意見が対立した場合、自分の主張が客観的に正しければ押し通しましょう。ただし、自分に賛成してくれるメンバーがどれぐらいいそうかも推し量る必要があります。数で勝りそうなら意見は通ります。ただし、自分の主張が正しくても、強引に進めすぎると、その後信頼関係が築けなくなる可能性もあります。

◆ 対処法

・ジャイアンタイプ

リーダーが議論を仕切って、メンバーの主張を封印してしまうケースがあります。これではグループディスカッションとは呼べず、成果の質も評価も下がります。交代してもらうのも一手です。

・演説家

自分の意見だけ主張し、人の意見に耳を貸さないタイプも困りものです。時間が決められている中、長い時間話されては迷惑です。「皆が意見を出せていないようなのです」と話してみてはどうでしょうか。

◆ 評価

次にプレゼンテーションのどこが評価されるのかをみていきます。

1つ目に問題の本質をつかみ深掘りする力、オリジナルな視点の有無など思考力全般が評価されます。2つ目に発言が積極的で行動を起こす力があるか、メンバーから意見を聴き出す力（コミュニケーション能力）があるかが問われます。上記を総合する視点として、グループとしての力の発揮にどれだけ「貢献」したのか、そして「発言回数」も見られて

チェックされるポイント例

・思考チェック	
論理能力	問題点を列挙する力、まとめる力
分析解決力	問題の本質をつかみ、具体的解決策を示す力
発想力	オリジナルなアイデアが出せる力
・コミュニケーション力	
積極性	発言したり行動したりする力
協調性	相手の発言を受け取る力、話を聞き出す力
責任感	投げ出さず最後まで目標に向かう力

出典：吉田（2014）を参考に筆者作成

います。

◆ 準備や対策

・就活の場合には、様々なテーマについて学ぶことや業界研究が必要となります。

・グループディスカッションでは、自分なりの意見が求められます。ニュースを聞いたら、自分なりの意見や思い付いたことをメモするクセをつけましょう。

・「お題」が事前に分かっている場合

事前にディスカッションのテーマが分かっている場合は、突っ込んで調べておく必要があります。

またメンバーの主張が事前に分かっている場合、それぞれの主張を確認します。メンバーの主張が「消費税をあげるべきである」「電気自動車を義務化すべきである」などとするなら、整理して反論を準備します。そのうえで、どの主張とどの主張がぶつかっているかも押さえておきます。

「電気自動車」がお題の場合、例えば、「電気自動車の導入義務化がよいという理由はなんなのか？」「新たな巨大市場の出現により、資源の採掘など環境破壊が進まないのか？」といった質問をすることができます。

さらに、メンバーの主張を整理したり、自分とメンバーの主張を細かく検討したりしてもよいでしょう。

・ディスカッションに強くなるために

普段から本や新聞を読み、自分なりに時事問題への考えをまとめたりして、思考しているかが問われることになります。いくつかの問題について自分なりに掘り下げてまとめておけば、応用が利き、強みになります。

◆ グループディスカッションの実際

では実際にグループディスカッションをやってみましょう。就職活動だけではなく、社会に出てからも、ディスカッションしないことはほぼあり得ないことを踏まえると、必要な技術です。慣れの要素も大きいので、積極的に取り組んでみてください。

演習2 ８月にスキーやスノーボード用品を売るにはどうすればよいか。どのような
　　　　定義づけが必要になるかを決めたうえで、グループで話し合ってください。
　　　　そのうえで、１分で発表してください。（発表までの時間 20 分）

【就活のグループディスカッションのテーマ例】

▽一般テーマ

・外国人観光客を増やすにはどうすればよいですか。

・無人島に行きます。「ライター・水筒・懐中電灯」のどれを持っていきますか。

・日本を女性が活躍できる社会にするためにはどうすればよいですか。

・地域創生で最も大切なものやことは何ですか。

・20 年後になくなっていると思われるものは何ですか。

・大学入学志願者を 20％増やすにはどうすればよいですか。

▽企業を題材としたテーマ

・新商品を提案してください。ただし商品のデータや実績を参考にすること。

・新しいアトラクションを作るとしたらどんなものをつくりますか。

・USJ かディズニーランドの客数を２倍に伸ばすにはどうすればよいですか。

・新しい調味料を開発してください。なぜその調味料にするのか理由も記してください。

・ネットビジネスに挑戦する場合、どの業種で成功率が上がると思いますか。

・３つの候補地から新規の出店先を決める方法を提示してください。

・学生向けの雑誌を創刊するなら、どんな雑誌にしますか。

・商店街を活性化させる方策を示してください。

▽価値観を問うテーマ

・将来と過去とどちらかを見る鏡があるとしたら、どちらを見たいですか。

・親、友達、お金で、何が大切か優先順位をつけてください。

・仕事と私生活はどちらが大切ですか。

・年功序列と実力主義はどちらが望ましいですか。

・就活での成功とは一体何ですか。

・1,000 万円あったら何に使いますか。

・子供にスマホを持たせるべきでしょうか。

・月に行けることになりました。月で何をしますか。

■補足　レジュメについて

　レジュメはフランス語の résumé からきており、レジメとも言います。要約、要旨という意味です。

1. 授業で配られるレジュメ
2. 研究報告や本の内容を報告（プレゼンテーション）するレジュメ

　A4 サイズに書きます。構成は以下の通りとなります。

▽レポート用のレジュメの形式

1. テーマ
2. 日付と授業の名前
3. 学籍番号と名前
4. 内容　　・はじめに
　　　　　　・各論
　　　　　　・おわりに
5. 参考文献

▽書き方

・箇条書きにして要点を記します

　章や節ごとに短い文章で要約します。

　骨格を示す意味で、キーワードで説明します。

・分かりやすく、かつ文字数を少なくします

　重要部分はフォントをゴシックに変えたり、色を変えたりします。またアンダーラインをひきます。

　矢印（→、⇔）や（＋、☆、＝）なども柔軟に使います。

　すでに記したように接続詞で流れが分かるようにします。

・報告を聞く人の手助けになるように作ります。

　メモを取れるように余白を多めにとります。

注
1) 低い次元で矛盾対立する2つの概念や事物を、いっそう高次の段階に高めて、新しい調和と秩序のもとに統一すること。

第 **14** 章

出口戦略を考える

　入口があれば、必ず出口があります。入学すれば卒業し、就職すれば退職します。出口が近づいて、慌てて準備をするようでは、結果は覚束ないものとなるでしょう。次のステップ（出口）について、具体的な目標を描くことが大切です。

　卒業後の進路ですが、民間企業の社員や公務員のみならず、家業の承継、進学、スタートアップの立ち上げ、専門資格を有する士業、NPO法人の社員など選択肢は多岐にわたります。ここでは企業研究や出口戦略の要点を説明したうえで、世界の潮流などにも視野を広げます。

1．変わる経済社会

◆ メンバーシップ型雇用かジョブ型雇用か

　就職する場合は新卒・既卒を問わず、就職先企業を具体的に選ぶことになります。自分が一体何に関心や興味があるのかじっくりと探っていきましょう。

　大企業では「ジョブ型」の雇用が増えています。特に文系は従来「メンバーシップ型」採用で就職をした後、さまざまな部署を経験しながら、課長、部長と出世していきました。

　これに対して、「ジョブ型」は職務に値段を付けるものです。2023年に人材活用支援会社のヒューマネージが新卒採用における職種別採用に関する調査を行ったところ、「すべて職種別で採用した」と回答した企業が39.3%と約4割に上り、「一部を職種別で採用した」を加えると、60.6%に達しました。

　冨山和彦・経営共創基盤グループ会長に取材したところ、ホワイトカラーは工業化社会以降に特有な仕事と分析。AIが代替できるようになるにつれ、従来の定型化されたホワイトカラーの仕事は減ると強調します。従来以上に専門性が問われるようになるというわけです。

　「メンバーシップ型」がなくなるのかと言えばそうではありません。企業には、組織を動かす中心的な仕組みとして「メンバーシップ型」の要素も必要です。現実問題として、能力の高い課長が、実質的に部長の仕事をしているといったケースは珍しくありません。

　これを踏まえると、企業の採用担当者は、本書で身に付ける基礎力、答えのない問題にぶちあたっても、粘り強くやり遂げるポテンシャルを今後も重視しそうです。「思考力やコミュニケーション能力、粘り強さなどを探って、採用する」（大手通信会社幹部）のです。ポテンシャルを見るのは、新卒の学生に幹部候補生として長くその企業で働いてもらいたいためです。

　このように多くの企業は、学生の将来性で選ぶメンバーシップ型採用の部分を残しながら、ジョブ型を増やしていく戦略を取りそうです。

　企業が「ジョブ型」を取り入れる理由は、他にもあります。仕事に熱心ではない一郎の中高年社員の高給を是正したいという思惑です。言い換えると、企業は、ジョブ型を導入して、年功的な賃金を修正し、成果と給与が乖離している中高年の高給を是正しようとしているのです。

◆ 企業研究入門

　2016年の全国の企業数は357万社。売上高が兆円単位の東証プライム市場上場の大企業から、社員数人の零細企業までさまざまです。大企業の数は1.1万社程度で全体の企業数の0.3%に過ぎず、全体の99.7%は中小・零細企業です。大企業の方が平均すると、給料が高いです。また資本が大きいため、危機に見舞われた際、中小企業よりも経営破綻しづらい側面があります。

図表 10　売上高と営業利益

※営業利益
　売上高から売上原価（仕入れ価格など）と販管費（給料や家賃、販売促進費など）を差し引いた額。

　一方、中小企業の中には利益率（売上高営業利益率[1]）が極端に高い企業もあります。また特定分野で世界的なシェアが高い企業も少なくありません。

　まず行きたい企業と、その企業が属する業界を調べてください。

　総務省の「日本標準産業分類」は、産業を 20 の大分類に分けています。「農業、林業」に始まり、モノを作る「製造業」、ホテルなど「宿泊業、飲食サービス業」、百貨店やスーパー、コンビニなどの小売と商社の卸売はあわせて「卸売業、小売業」、銀行や保険は「金融、保険業」に分類されています。

　2023 年の有効求人倍率を見ると、業種別には「サービス情報」や「金融」などが高いです。企業規模別には大企業の求人倍率が高くなっています。

　まず関心のある企業のホームページを調べましょう。企業の理念、提供しているモノやサービス、売上高や利益、社員の働きぶりなどが分かります。ホームページの分かりやすさ、親切度も企業選びの判断材料になります。

　個別企業の顔は「社長」と、対外発信をする「広報」と言えるでしょう。図書館などで新聞の過去記事を検索すれば、社長の発言から、注目の商品やビジネスモデル、過去の不祥事まで知ることができます。

　テレビ CM に出てくるような「BtoC」の大企業の場合、競争率が数十倍の企業も珍しくありません。週刊東洋経済によると、2022 年 4 月入社予定の正式応募数と内定者をもとに競争率を調べたところ、100 倍を超す企業が 64 社に上りました。やりたい仕事と、実現可能性を戦略的に天秤にかけることも大切です。

　また多くの企業は 3 〜 5 年後のあるべき姿と目標を示した「中期経営計画」を策定します。企業の考え方や戦略を知るうえで非常に大切です。また上場企業なら「有価証券報告書」に詳細な情報が掲載されています。電子開示システム EDINET で検索できます。

　大企業の場合、企業の特徴や戦略について書かれた本や名物創業者らの伝記をぜひ手に

取ってみてください。どんな企業も最初はベンチャー企業であり、シリコンバレーの米アップルのようにガレージ（車庫）のようなところからスタートした企業も珍しくありません。

　帝国データバンクによると、創立100年を超す国内企業は4万社超に上り、世界の百年企業の6割を占めています。最古の企業は大阪市の金剛組で創業は578年です。

　100年企業は創業時の事業を墨守してきているわけではありません。むしろ生き残りのために業態転換をしているところが目立ちます。

　例えば富士フイルムホールディングス（東京）をみると、2000年時点で写真フィルム事業は売上高の6割に及んでいましたが、経営者の故古森重隆CEOはデジカメの出現でフィルム事業はなくなると予見。メディカル・ライフサイエンス事業など6分野を新成長分野の軸に据えました。

　その際、同社の技術や資源・強みを軸に既存市場と新市場、既存技術と新技術の4つの象限でマトリックスをつくって、実現していきました（東洋経済、2013）。まさに大改革であり、業態転換と言えるでしょう。

　最近のケースを見ると、繊維の名門、ダイワボウホールディングス（大阪市）は2023年11月に祖業である繊維事業の売却を発表しました。激しい競争の中、企業は生き残りをかけて競争しています。長い目で企業を見ることは、企業研究の大きな助けになるので、参考にしてください。

2.　変わる経済社会…広がる選択肢

　最近は超難関の国家公務員の志願者が減少傾向にあります。2023年度の国家公務員一般職の申込者は過去最少でした。不夜城とも言われる霞が関の働き方に加え、官僚の力が相対的に低下したと指摘されていることから、人気に陰りが出ているのです。

　大学通信の調べによると、「入社が難しい有名企業」のトップには、外資系コンサルティング企業が挙げられ、次いで商社、大手不動産、製薬・ヘルスケア企業などが並んでいます。

　転職への抵抗も薄れてきているようです。総務省によると、日本の転職者数は300万人台で頭打ちですが、22年の潜在的な転職者を示す「転職等希望者数」は4年で130万人増えて、968万人に上ります。コロナ禍で自宅での滞在時間が増え、「自分のキャリアを見直したり、ワークライフバランスを重視したりするなど、就労に対する考え方が変わり始めている」（日経ビジネス、2023）というのです。

　ある転職サイトでは、卒業したばかりの新社会人の 23 年 4 月のサイト登録件数が過去最多を更新。「自分らしく働きたい」という意見が目立っています。また優秀な人材を引き抜くヘッドハントも珍しくなくなってきています。

　起業もしやすくなってきています。日本政策投資銀行によると、2021 年の起業資金は平均 941 万円で、1995 年の 1770 万円に比べ大幅に減少しています。最も多い分布は 250 万円未満（21.7%）で、少額でも起業できるようになってきているのです。官民ファンド[2] や年金基金など公的資金からクラウドファンディングまでお金の出し手も増えているほか、制度改正も行われています。2022 年のスタートアップの資金調達額は 8774 億円で過去最高となり、1 兆円の大台も見えてきました。

3．失われた 30 年

　スタートアップには光も見えますが、日本経済や企業は長く停滞から抜け出せませんでした。1989 年の世界の企業の株式時価総額ランキングで、日本企業はトップ 10 社のうち 7 社を占めていました。ところが、2020 年代に入ると、トップ 50 にランクインしている日本企業は、トヨタ自動車だけとなりました。コロナ禍からの回復や円安を背景に、2023 年 3 月期の上場企業の決算は、最終的な儲けを示す純利益が過去最高となりました。値上げが浸透していることから 24 年 3 月期も最高益を更新しそうです。日経平均株価も同年 3 月 4 日に史上初めて 4 万円を突破しました。しかし、企業が競争力を取り戻す青写真はまだ見えません。

　日本が"失われた 30 年"に沈んだきっかけは、1990 年代のバブル崩壊と金融危機です。金融機関は巨額の不良債権処理に追われ、日本企業は低迷を続けてきました。

　2000 年代に入ると、韓国や中国メーカーの追い上げや円高に加え、デジタル化により家電製品などがコモディティ化（陳腐化）するスピードも速くなりました。かつて世界をリードした日本の大手電機メーカーは競争力を失い、液晶分野で世界トップだった電機大手のシャープは 16 年に台湾の鴻海精密工業に買収されました。日本の代表的な企業、東芝も経営の混乱から、23 年に上場廃止となりました。

　苦境に立たされている分野は少なくありません。かつて国内市場で電機大手がトップだった携帯電話など通信機器では、米アップルや韓国サムスンなどが国内外を席巻しました。半導体製造の分野でも日本は台湾や韓国にリードを許しています。先行きの厳しさを指摘する声が少なくありません。

　一人当たりの経済指標も低迷しています。2021 年の日本の一人当たり GDP（国内総生

産）は世界28位にとどまり、世界2位だった約20年前と比べ著しく後退しました。雇用者報酬は2020年までの約20年間で、10%も伸びていません。米国は2倍超、ユーロ圏は1.7倍と、それぞれ大幅な伸びを示しています。

　企業は業績低迷に伴い、コスト抑制のため非正規雇用を増やしました。総務省によると、1990年に2割程度だった非正規雇用の割合は、2022年には約37%と約4割となりました。非正規社員は給与が低いうえ、安定的な雇用も望めません。

　国税庁によると、2022年の正規社員の平均給与は年523万円に上る一方、非正規社員は201万円にとどまります。非正規のうち、男性は270万円で、女性は166万円です。日本全体で見ても、6人に1人は相対的貧困[3]にあります。

4. 世界の潮流を見る…格差社会はどこから来たのか

　こうした格差の拡大は、世界的な現象です。2021年、世界の上位1%の超富裕層が保有する資産は、世界全体の個人資産の37.8%と約4割を独占しています。逆に下位50%は、世界の資産のわずか2%しか保有していません。1990年代半ば以降、世界全体で増えた資産の約4割を上位の1%の超富裕層が占めています。労働組合の組織率も過去最低水準にまで低下しており、労働者を守る仕組みが後退したと言えるでしょう。

　フランスの経済学者トマ・ピケティは著書『二一世紀の資本』で、300年にわたる経済データを調べた結果、株式の売買など資産運用によって得られる富（資本収益率＝r）の方が、労働によって得られる富（経済成長＝g）よりも大きいことを明らかにしました。市場競争に任せれば両者の格差は広がると指摘しています。格差拡大の原因は他にも指摘されているため、異論もありますが、労働に価値を置く考え方が揺らぎかねない衝撃的な事実です。

　経済格差の拡大は、1980年代以降、米英を中心に新自由主義[4]的な政策が行われた結果生じたとの認識が広く共有されています。こうした政策は1970年代にケインズ主義的な政策[5]が行き詰まったため、採用されました。

　1980年代、英国のサッチャー政権や米国のレーガン政権は、大幅規制緩和や富裕層優遇の所得減税を行いました。国営企業の民営化や政府による福祉・公共サービスの削減も進めました。関税などの垣根も取り払って、モノやサービスの輸出入を増やそうとする国際交渉も進められ、グローバリズムが加速しました。

　世界経済は拡大し、2020年の名目GDP（国内総生産）を20年前と比較すると、米国は2倍に伸びています。またEU（欧州連合）諸国も大幅な伸びを示しています。

　しかし、規制緩和や金融緩和は、世界中に投機マネーを生み出しました。2000年代半ば以降は原油や穀物など商品市場が高騰したほか、米国では、住宅ブームが過熱。住宅ローンは返済能力のない低所得の人にまで貸し出されました。

　商品も住宅市場もバブルが崩壊し、2008年9月にリーマン・ショックが発生。米国株などが暴落し、世界最大の自動車メーカー、米ゼネラル・モーターズ（GM）が経営破綻するなど世界中が激震に見舞われました。

　新自由主義的な政策の下、米英企業を中心に株主（企業の所有者）の利益に奉仕し、株価上昇を目指す「株主資本主義」が世界に広がりました。これをアングロサクソン型の資本主義と呼びます。この間、欧米諸国では所得格差を表わすジニ係数が上昇傾向にあり、不平等が拡大したことが明らかになっています。

　リーマン・ショックによる世界経済の混乱をめぐり、発信源の米国でも、批判が高まっています。米経済団体ビジネス・ラウンドテーブルは2019年に声明で「米国の経済界は株主だけでなく、すべてのステークホルダー[6]に経済的利益をもたらす責任がある」と発表しました。しかし、格差が解消に向かうのか見通しは立ちません。

5.　就活で増える「安定」志向

　就活では「安定」を求める学生の割合が趨勢的に拡大しています。就職情報大手のマイナビが行った「2024年卒大学生意識調査」によると、企業選択のポイントは「安定している」が48.8％で5年連続1位でした。5年前まで「自分のやりたい仕事」がトップでしたが、2014年卒では2割に過ぎなかった「安定している」が、大幅に上昇しています。

　確かに2008年にリーマン・ショックが、11年に東日本大震災がそれぞれ発生し、20年

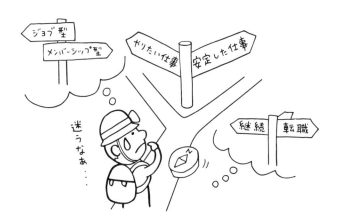

以降にはコロナ感染症が拡大。22年にはロシアがウクライナに侵攻しました。日本企業の低迷や格差の問題もあって、「安定」志向が増えるのは理解できます。

しかし、かつて隆盛を極めた大企業でも、経営が行き詰まるケースは、枚挙にいとまがありません。就活や転職においても、「安定」や「寄らば大樹」は一つの考え方でしょう。同時に自分の関心や興味と仕事を重ね合わせて、ゼロベースで自ら考えていくことが求められます。

そんな時、専門家の見方や政府の方針を学んでおくことは大切です。世界経済に占める日本の割合は今後も縮小していきそうです。これまで以上に海外情勢にも影響されることになる可能性があり、専門家の見方は助けになるでしょう。

とは言え、「見通し」や「計画」は当てにし過ぎない方がよいことも知っておく必要があります。「失われた30年」のきっかけとなった金融機関の巨額の不良債権問題について、公表されているよりも多いと訴えたのは、当時米ゴールドマン・サックスのアナリストだったデービッド・アトキンソン・現小西美術工藝社長です。

新聞社で金融担当記者だった筆者は、大蔵省（現財務省）や大手銀行の幹部がこの指摘を鋭く批判したのを覚えています。しかし、実際には同氏の指摘通りに、金融機関の不良債権額は大幅に膨れ上がりました。90年代初頭から2005年の不良債権正常化の宣言までに処理された（損失として償却された）不良債権の総額は約100兆円とされます（小林、2024）。

問題を先送りした背景には、「楽観的見通し」（大手銀行元首脳）がありました。この首脳は、過去の成功体験による過信や、金融機関は過ちをしないという慢心があり、結果的にある種の「思考停止」に陥っていた、と話しました。

バブル期までは、日本の土地の価格は下がらないという「土地神話」を誰も疑いませんでした。金融機関は、貸し出す際に担保に取っている土地は値下がりしないのなら、貸出先の企業が潰れても、土地を売りさえすれば元が取れると考えていた訳です。

結局、バブル崩壊で地価は暴落し、資金を回収できない多くの金融機関や企業が経営破綻し、1998年の自殺者は3万人の大台に跳ね上がりました。金融当局が二度にわたり大手銀行に巨額の公的資金を投入するなどして、収束を図りましたが、日本経済は長期停滞に突入します。

二度と「思考停止」をしないと言い切れる人はいないでしょう。17世紀のチューリップバブルを皮切りに、バブルの熱狂は何度も繰り返されてきました。

日本では思考停止が日常茶飯になっているとの指摘もあります。確かに「空気」を読むことを求められ、「同調圧力」が働く社会です。戦後の「平和ボケ」、コロナ禍の「自粛」

なども「思考停止」の一例と指摘されます。

　それでも山積みの問題から逃げることはできません。格差や国・地方の借金、社会保障、地球温暖化、教育、福祉、働き方など多くの深刻な課題があります。

　近現代史家の故正村公宏氏は著書で「日本人は二〇世紀型産業文明への適応に一時的に成功したに過ぎない」としたうえで、「日本人の思考と行動の基本姿勢を『与えられた状況への適応』から『新しい時代の創造』へと転換しなければならない」と強調しています（正村、2010）。

　皆さんは一体何に関心があるのか。転換期にある社会の課題や趨勢を見極めつつ、自分の将来を選び取る必要があります。やりがいか安定か、社会変革かウェルビーイングか、じっくり考えて、悔いのない選択をしてください。

【課題】

1.　自分にとってどんな出口戦略（就職など）があるかを考えてみましょう。
2.　周囲や社会の「思考停止」の事例を探してみましょう。
3.　伝記などで著名人の生き方や価値感について、調べてみてください。
4.　そのうえで、グループで意見交換してください。

インタビュー3

「20代の過ごし方」

経営共創基盤グループ会長　冨山和彦

　　激変する経済社会にあって20代をどう過ごせばよいのでしょうか。首相官邸が主導する「新しい資本主義実現会議」メンバーの冨山和彦・経営共創基盤グループ会長は、大企業は安泰ではないと強調したうえで、実践的な知識や体験に裏付けられたストリート・スマートを目指せと強調しました。

（聞き手・藤好）

　――20代の過ごし方、そして企業の選び方についてアドバイスをください。

　冨山会長　若い皆さんの感性は豊かであり、吸収するスピードが速く、他者との化学反応も起こりやすいです。出し惜しみせずに全力で頑張るべきです。若い時にやらないと機会費用[7]が高くなります。

　時代を問わず、経済社会に必ず求められる能力があります。思考力や人間力、つまりソフトスキルです。その根幹は言語力です。何事も言語で考えるわけであり、言語能力を磨くことは必須です。外国語の習得もお薦めします。

　卒業後の学び直し（リスキリング）も一般的になってくるでしょう。その場合、特にハードスキル（専門知識や技術）は学び直しの対象となります。

　かつて大企業は安定の代名詞で、入社さえできれば退職まで安泰でした。しかし、この30年で大企業の国際競争力は低下し、そんな仕組みは崩れています。「入試レベルが高い大学に入れれば、勝ち組」という時代も終わりました。

　――会長はAIの進化を受けて、ホワイトカラーの仕事も減ると指摘されています。

　冨山会長　20世紀は必死に勉強してホワイトカラーになることが1つの理想形でした。しかしホワイトカラーは工業化社会に特有の仕事なのではないでしょうか。日本のホワイトカラーの生産性は低く、ある種の幻想の中で高い給料をもらっていた時代は終わり、大企業のホワイトカラーの必要性は益々薄まるでしょう。

　日本は、価値観が共有されやすく、暗黙の了解が前提となるハイコンテクストな社会でした。そこでは上司の機嫌や雰囲気を損なわない、「部下力」が問われました。

　しかしAIの進化やズームなどウェブ会議システムの導入で、これは通用しなくなります。そして企業の意思決定は、トップダウンになります。物事を決め、組織を動かすボス

力が問われる時代です。

　若いうちに自分でものを決定する経験をしてみてはどうでしょうか。例えばベンチャー企業であれば、若くして重責を担えます。弊社でも、社長の右腕として、修行を積める仕組みを作り、公募しています。力を発揮できるかどうかに学歴は関係ありません。

　── カギになることは何でしょうか。

冨山会長　集団的なオペレーショナル・エクセレンス⁸⁾をテコに全体最適（による高い競争力）を発揮できた時代は崩れました。就活や転職で企業を選ぶ際も、企業やそのモデルがずっと続くと思わない方がよいです。歯を食いしばって改善して、テレビを国内で作り続ける、というモデルは間違っているのです。

　既に述べたように大企業のホワイトカラーは減り、一部のスーパーエリートが稼ぐ時代となります。それ以外の職業は給料も平準化してくるでしょう。医療や福祉、第一次産業を支えるエッセンシャルワーカーはもっと高い報酬を受けるべきだし、人手不足も加わり、実際にそうなるでしょう。

　破壊的イノベーション⁹⁾が主導する時代になっています。米半導体大手のエヌビディアはゲーム用の動画エンジンだったが、思いもよらず AI 向け半導体で 8 割のシェアを持つようになった。日本の経済社会でも、答えのない課題が山積みです。ブックスマート（学問的知識）よりも、経験や現場で鍛錬してきたストリートスマート（実践的知識）が評価されるようになるでしょう。

　── 学生からはやりたいことが見つからないとの声をよく聞きます。

冨山会長　長い人生を楽しいものにするには、世のためなる仕事、そして自分が好きな仕事を考え抜いて選ぶことが大切です。仕事の役割や責任に応じた自分の役割を見つけることが重要です。その際、「ウィル（will）」、「キャン（can）」、「マスト（must）」の 3 つの円をイメージし、その重なりあった部分を考えてみてください。

　楽しく生きるには、やりたいことである「ウィル」が重要です。そして経済社会に必要で、しなければならないことである「マスト」が入っていれば給料をもらえます。「キャン」は自分ができることです。「ウィル」や「キャン」は一生懸命探して、初めて見つかるものでしょう。自分がやろうとする仕事に「マスト」という要素しかないのであれば、辛いだけかもしれません。

　同じ会社で勤め上げる「就社」の時代は終わりました。「転職」も従来はあまり評価されませんでしたが、これからは変わるでしょう。

　さきほどハイコンテクストについて、否定的な発言をしましたが、現場を自分の熱い心で動かすことは大切です。時に会社を動かすカギとなります。真に実力をつけたいのであ

れば、新卒であえて中小企業やベンチャー企業、潰れそうな企業などを選んで実力を蓄える手もあります。35歳までは例え何度失敗してもやり直しはきくのですから。

　人の評価は棺桶のふたが閉じなければ分かりません。デジタル化を打ち出したソニーの故出井伸之会長は経営が低迷していた時期には厳しく評価されていました。しかし、デジタル化の時代が到来し業績が拡大した現在、再評価され、その先見性に光が当たっています。

　若い時は自分探しをする時間の余裕があり、それこそ若さの特権です。どんな逆境にあっても、懸命に取り組み、吸収し成長し続けてください。

注
1)　売上高に占める営業利益の割合。
2)　国の政策に基づき政府と民間が共同で出資する政府系ファンドのことです。
3)　等価可処分所得（世帯の可処分所得を世帯人数の平方根で割ったもの）の中央値の50%または60%を貧困ラインと設定しています。
4)　政府による規制の最小化と、自由競争を重んじる考え方。規制緩和や福祉・公共サービスの削減、規制緩和、緊縮財政、自己責任などを旗印に台頭しました。
5)　政府が公共投資を増やし、需要不足を補う政策のことで、政府支出が増えると有効需要が増え、国民所得が増えるという政策。総需要管理政策と言われます。
6)　企業の利害関係者のこと。株主だけでなく、従業員、取引先、顧客などを指す。地域住民を含める場合もある。
7)　選択しなかった、ある案（資源）を選択したら、得られたであろう利益（価値）のこと。
8)　企業が業務の効率化などにより他社がまねできない品質やコストを実現し競争上の優位を築くこと。
9)　市場競争のルールを根底から破壊し、既存企業のシェアを奪い、業界の構造を劇的に変えるほどの革新的なイノベーションを意味する（東大IPCより引用）

【解答例一覧】

■第2章　▽演習2
◇脊椎動物のネズミの話（解答例）

　小型のネズミは「食べられて死ぬ」タイプ。ハツカネズミの寿命は短いが、赤ちゃんを何度も出産する。生き残り戦略の特徴は、逃げ回り、食べられる前にたくさん子供を残すこと。しかし、引き換えに、長生きの遺伝子機能を失った。ex. 抗がん作用など

　中・大型は違う。中型のハリネズミは10年、大型のビーバーは20年生きる。針のような毛など長寿になるための遺伝子が進化し、食べられにくくなった。すべての性質に理由がある。ネズミの仲間は「食べられる死に方」から「寿命を全うする死に方」に変化した。

■第3章　▽演習1　事実文　①②③④⑤⑥⑬　意見・分析文　⑦⑧⑨⑩⑪⑫⑭⑮⑯⑰
▽演習2　1.B　2.C　3.B　4.C　5.B　6.A　7.A　8.C　9.A　10.B▽演習3　1.A　2.B　3.B　4.C▽演習4　①F　②　G　③H　④I　⑤A　⑥B　⑦J　⑧D　⑨C　⑩E
▽演習5　Aは3。「言い換え」の「つまり」です。「戦争を商売にしたくなかった」の文章は、その前の「ライターになりたくなかった」を言い換えて説明していることが分かります。Bは2。逆説の接続詞が入ります。Cも2。逆説の接続詞です。

■第4章　▽演習1　2. 異なります。「アジア太平洋地域など経済成長が著しい地域の成長」の重視は、例文1では2021からです。これに対して、例文2では2016年のEU離脱決定で始まったことが分かります。▽演習2　2の正しい。▽演習3　1のAlex

　▽演習4 グラフ1、2、3

　▽演習5　設問1 「オバマ」の希望　設問2　大胆不敵な希望、社会に潜在する力、政治と民主主義の未来、安易な楽観主義

　設問3（解答例）未来の変革を生み出す、現在の社会に潜在する力。こうした発想で最もよく知られている例は、米大統領であったバラク・オバマの掲げた「希望」でしょう。

　オバマは「大胆不敵な希望」（The Audacity of Hope）とのタイトルの演説で、あえて希望を語ろうとします。同じタイトルの本でオバマは、「希望」が「安易な楽観主義」（blind optimism）とは区別されると繰り返し強調します。希望は目に見えませんが、希望を信じ、苦難を耐えることで変革は可能になると説きます。

　キリスト教の救済を想像させますが、オバマが強調するのは政治と民主主義の未来です。私たちが潜在的な希望を可視化し、人々の力の結集で社会を変革することです。その意味で、政治や民主主義には「希望」が不可欠であると説きました。

オバマ政権は、米政治を分断する対立に苦しみました。しかし、分断の時代だからこそ、政治と民主主義に「希望」が不可欠とのメッセージは、政権が終わった後にこそ、意味をもってくるはずです。

■第6章　▽演習1.1　70歳を上回っています。WHOによると、2019年に産まれた人の世界平均寿命は73.2歳です。▽演習2.4　80％を上回っています。

■第7章　▽演習1（解答例）「犬は猫に比べて、昔から人間に飼われ慣れていると言われている。人間の100万倍ともいわれる嗅覚があるため長い道のりを帰ってくるとされる。空気中に漂う分子を1とした場合、犬は100万倍薄くしても嗅ぎ取ることができるためだ。これが警察犬や災害救助犬などとして活用される理由だ。」（富山県web）※以上のように文章を区切るだけで、格段に読みやすくなります。▽演習2（解答例）a「私の部下は4月にシンガポール支店から帰国して、マネジャーへの昇格が決定した。現地で優秀な人材を使い、売り上げ2倍増に貢献し経済誌に特集記事も掲載されたためだ。」※元の文章は主語と述語が離れて、読みづらい文章になっています。主語と述語を近づけたことで理解しやすくなります。b「高齢者の体力作りは早急に取り組むべき課題である。高齢者の多くは、自分は大丈夫だと過信している」▽演習3　把握しにくい。理由：主語がないため。文章の修正例「2065年には、日本の人口は8,808万人になると推計されている。」※主語の省略は気を付けて行わないと、読み手を混乱させてしまいます。読み手が疑問を抱いてしまう文章は一種の悪文と言えます。

　▽演習4　a「だが父親の本には、『確かに』と感じることがたくさん書いており、『あぁ、なるほど、そっか』と納得しながら読んだ」　①でも → だが②おやじ → 父親③確かにって →『確かに』と④たくさん → 多く⑤書いてあったから → 書いており⑥あ～なるほど、そっか、そっかって →『あぁ、なるほど、そっか』と　b①だんだん → 次第に、表れたって → 表れた　c①とっても → 非常に②知られているわ→知られている▽演習5 1の修正文「大きなヒマワリの花が咲き、黄色く輝く太陽が降り注いでいる」※「黄色く」。元の文章は「黄色く」が「大きなヒマワリ」にかかるのか、「輝く太陽」にかかるのか分かりにくい。2の修正文「百貨店で偶然見かけたのは、サングラスが似合う、昔の先輩だった」。元の文章は「昔の」が「サングラス」にかかっているのか、「先輩」にかかっているのか分かりづらい。▽演習6　1. 私は昨日、アルバイトに行かなかった　2.（略）行ったことはないが、父は母と行ったそうだ。3.（略）遅れるのだろうか、と気になった 4.（略）難しい。（だから、そこで、そのため）、ゼミの仲間と練習しようと思う▽演習7 1.「支援します」とあるのは、「支援する」。2.「課題となっているね」は「課題となっている」3.「政策を転換するのだよ」とあるのは「政策を転換する」。4.「思惑もあります」

とあるのは「思惑もある」5.「それゆえ」とあるのは、「しかし」など逆説の接続詞が正解。6.「1万円を超える」とあるのは「1兆円を超える」。工場建設にかかる金額としては少額に過ぎます。7.「問われるんだよ」とあるのは「問われる」。8.「おうい」とあるのは「多い」。9.「成長したんだって」とあるのは「成長した」。10.「追い込まれています」とあるのは、「追い込まれている」。

■第8章　▽演習1　設問1「鉄」は「ナベ」の「原料」です。①②ではワインときなこの原料となるものを選びます。①は4で、②は1です。設問2は「包含するもの」と「具体例」であり、①は4、②は2。設問3は作者と作品の関係で、2です。設問4は「反対、対」の関係で、1です。「分割」は「一括」、「分子」は「分母」です。▽演習2　設問1.近代化、民主制、衆愚政治

　設問2.　A 私たちは、日本の近現代がどういう時代であったのか、なぜ「成功」の局面と「失敗」の局面が繰り返されたのかを考えなければならない。　B 近代と現代を通じて、世界の相当数の人々が「窮乏の克服」と「抑圧の克服」という二つの目標を追求するようになった。そうした動きをこの本ではとりあえず「近代化」と呼ぶ。　C 近代化のひとつの側面は、経済の効率を高めて窮乏を克服しようという動きが強まったことである。D 20世紀には、情報伝達手段と輸送手段の進歩を基礎として、国家の統制力と動員力が増大し、大規模な戦争が繰り返された。　E さらに、これまでに企業の有害物質の排出などによって多くの人間が生命を奪われている。　F 近代化のもうひとつの側面は、身分制度や社会的差別を撤廃しようとする動きが強まったことである。　G 民主制は必ずしも有効な政府の存立を保証しない。

　設問3.「近代化」は何をもたらしたか。

　設問4.　解答例　私たちは日本の近現代が、なぜ成功と失敗を繰り返してきたのかを考えなければならない。世界の多くの人が「窮乏の克服」と「抑圧の克服」を追求するようになった。近代化には経済効率を高め窮乏を克服する動きが強まった側面がある。先発国の生産と所得は上昇したが、グローバル化と市場原理の浸透で多くの人間が厳しい労働に追い込まれた。20世紀には、国家の統制力と動員力が増大し、大規模な戦争が繰り返された。さらに有害物質の排出で多くの人が生命を奪われた。近代化のもうひとつの側面は、身分制度や社会的差別を撤廃する動きが強まったことだ。だが民主制の国に住む人は少数派であり、民主制は必ずしも有効な政府の存立を保証しない。▽演習3　1. 2番目がE、5番目がA。順序はB→E→D→C→A。2. 見出し　「外来生物への対策　深刻な脅威知ることから」

■第10章　▽演習1　テーマは「貧困の連鎖を断ち切る方法とは」。問いは「断ち切る方法」である。

「序論」　貧困の連鎖は低所得者の子供も低所得者になり、貧困から脱却することができないことと説明して、どうすれば貧困の連鎖を断ち切れるかと問いを立てています。

「本論」　背景や原因を記している。まずは高学歴ほど生涯年収が高く、生活保護受給世帯の大学進学率は低い事実を指摘。また日本の公的教育費が低いことを記しています。そのうえで、高校授業料無償化などヒントになる具体策に踏み込んでいます。

「結論」　貧困家庭の教育費や学費の新たな補助制度や、無料の学習塾のボランティア活動の活発化などを提言しています。序論の「問い」に応じたものとなっています。

第13章　▽演習1　「戸建てかマンションか」「家族か単身者か」「新築か中古か」「都心部か郊外か」など▽演習2　1. 8月が寒いオーストラリアなど南半球で販売する。2. ブランド品であれば、ミドル層以上に限定販売など。

あ と が き

　人生 100 年時代と言われ始めてから久しいです。デジタル化や AI（人工知能）の活用はコロナ感染症で加速し、経済社会は大きな変化を遂げつつあります。個人の価値観や働き方も大きく変わっていくことでしょう。

　従来は高校や大学を卒業すると、30 数年間仕事をして、後は余生を送るのが一般的で、多くの人の人生は「教育 → 仕事 → 引退」と単線的でした。しかし、経済社会の激変に加え、寿命も延びる中、仕事をする期間は 50 年に及ぶことになりそうです。一度引退しても、学び直して別の仕事に就き、それを繰り返すことになるとみられます（Gratton 他、2017）。万人受けするロールモデルを生きる時代は過去のものになろうとしています。

　バブル崩壊後の経済低迷を指す「失われた 30 年」という言葉に象徴されるように、日本が置かれた状況は厳しさを増しています。世界の名目国内総生産（GDP）に占める日本の割合は小さくなる一方で、2024 年度末の国と地方の長期債務残高は 1,315 兆円（政府見通し）に膨らみ、借金漬けになっています。世界を見渡すと、ロシアのウクライナ侵略や、イスラエル軍によるガザ地区への侵攻などに見られるように、冷戦終結後 30 年を超す平和の時代も転機を迎えています。

　しかしピンチはチャンスとも言います。新卒で外資やスタートアップに就職することも珍しくなくなり、副業や兼業など働き方も多様化。潜在的な転職者数も増えており、好きな仕事や生き方を見つけ、成長し続けることも可能です。こうしたリカレント教育[1] 時代にカギを握ることは何でしょうか。

　まずは皆さんが自ら、自在に情報収集し、経済社会を洞察できる力を身に付けることでしょう。社会人は立場や地位に関わらず、時代を先取りし、未来を切り開こうとしています。それには本やニュースに触れたり、人と話をしたりして、周囲にアンテナを張ることが大切です。

　国立情報学研究所教授の新井紀子氏は著書『AI vs 教科書が読めない子どもたち』で、高校生の半数以上が、教科書の記述の意味が理解できていないという衝撃的な調査結果を明らかにしました。では、AI を活用すれば、事足れり、となるのでしょうか。

　AI やビッグデータに頼る場面は確かに非常に増えてくるでしょう。とはいえ、生成 AI は、皆さんの将来に責任を取ってくれませんし、金融危機や戦争など想定外の事態も予見してくれそうにありません。情報学者で東大名誉教授の西垣通氏は「（AI は）論理の更に

奥底にある、人間の情動は理解できないのです。その AI にいたずらに答えを求めるのは、危うい」(毎日新聞、2023 年)と厳しい指摘をしています。

チャット GPT は確かにこなれた文章を作ってくれます。しかし、皆さんが感じ、考え、想像する力を身に付けようと思えば、自ら学ぶほかありません。まして自分なりの価値観や、先行きを照らす羅針盤については、失敗を重ねながら自ら思いを致し、形成していくしかありません。

本書では、リーディングやライティングに加えて、メディア特性に応じた情報取集の方法、フェイクニュースの見分け方などに紙幅を割き、考える力を付け、社会人として活躍できる基礎を築いてもらいます。

しっかりと学ぶためには、心穏やかに過ごせる環境を整えることも大切です。明治から昭和初期にかけて活躍した文豪、幸田露伴は、集中することの難しさを指摘しています。著書『努力論』には、「多くの学生の学業の成績よろしからぬものを観れば、その人多くは聡明ならざるが故にはあらずして、その人多くは散り乱るる気の習癖がある故である」と記しています。そのうえで、露伴は、気が散るようでは何事もうまくいくはずがなく、治さなければならないと指摘しています。事に対する構えの大切さは、今も昔も変わりません。

人間の脳は一日に 6,000 種類の思考を処理しているといいます。新しい情報が入ると、脳のリソースをどのように割り振るかを迫られます。脳は恐怖や怒りといった「感情価」の高い物事を優先するようにできていて、怒りや悲しみが渦巻いているとそちらに取られてしまいます。負の感情に振り回されず、心身をリラックスさせること、またゴールを明確にして、工夫をしながら楽しく取り組むことが大切です(McKeown、2021)。

本書は、追手門学院大学経済学部の特別選抜プログラム「OE50」の授業を企画・立案され、『世界最強の女帝 メルケルの謎』などの著作物のある佐藤伸行教授のご示唆で書き始め、出版に至ったものです。佐藤先生、同学部長の橋本圭司教授、また経済学部の先生方には多くのアドバイスを頂きました。心理学部の瀧端真理子教授には様々な観点から詳細にご指導を賜りました。またパナソニックオペレーショナルエクセレンス株式会社で初任者や中堅社員の研修を担当されている小林元之先生には教育や AI についての知見を頂きました。この場を借りて深く御礼申し上げます。

学生の皆さんが飛躍し、活躍されることを心からお祈りしています。

藤好陽太郎

注

1)　社会人が人生の途上で学ぶことを意味し、職業 — 教育 — 職業のサイクルを確立すること。高等教育機関などで学ぶことことも含まれる（日本大百科全書）。リスキリングは仕事上のスキルや技術を学ぶ意味がある。

【参考・引用文献、web 情報】

序章　大学について

1. 科学技術振興機構（2023）8 月 18 日「論文数は世界 5 位維持するも…」
   https://scienceportal.jst.go.jp/newsflash/20230818_n01/　2024 年 2 月 20 日閲覧
2. カトリック中央協議会「中世のキリスト教」https://www.cbcj.catholic.jp/catholic/history/medieval/　2022 年 3 月 19 日閲覧
3. 橘木俊詔（2021）『フランス経済学史教養講座』（明石書店）
4. 毎日新聞（2023）9 月 1 日「10 兆円大学ファンド、東北大を認定へ　研究力強化へ最長 25 年間助成」
   https://mainichi.jp/articles/20230831/k00/00m/040/314000c　2023 年 9 月 23 日閲覧
5. 吉見俊哉（2014）『大学とは何か』（岩波書店）
6. Charle, Christophe. Verger, Jacwues.（2007）*Historie des universitès* ／岡山茂・谷口清彦訳（2010）『大学の歴史』白水社
7. Joyce, Colin. ／昔しおり訳（2018）『なぜオックスフォードが世界一の大学なのか』（三賢社）
8. タイムズ・ハイヤー・エデュケーション（THE）「2023 年世界大学ランキング」
   https://www.timeshighereducation.com/world-university-rankings/2023/world-ranking　2023 年 3 月 17 閲覧

第 1 章　アイスブレイク

1. 青木将幸（2014）『リラックスと集中を一瞬でつくる　アイスブレイクベスト 50』（ほんの森出版、7-8 ページ）
2. 江越喜代竹（2019）『たった 5 分でクラスがひとつに！　学級アイスブレイク』（学陽書房、14 ページ）
3. 追手門学院大学 成熟社会研究所編（2020）『一人で思う、二人で語る、みんなで考える　実践！ ロジコミ・メソッド』（岩波ジュニア新書）
4. 日本ファシリテーション協会「アイスブレイク集」 https://www.faj.or.jp/facilitation/tools/　2020 年 3 月 3 日閲覧
5. 文部科学省「高校生のライフプランニング」
   https://www.mext.go.jp/component/a_menu/education/micro_detail/__icsFiles/afieldfile/2018/11/21/1411248_0_0.pdf　2022 年 3 月 19 日閲覧

第 2 章　ノート・テイキングの基本

1. 学習技術研究会　代表上村和美（2015）『知へのステップ第 4 版』（くろしお出版、19、22 ページ）
2. 黒木尚長（2019）「教育の危機管理：古いようで新しい学習法」、『総合危機管理』、No3, 50 ページ
3. 小林武彦（2021）『生物はなぜ死ぬのか』（講談社現代新書、107 〜 110 ページ）
4. 齋藤孝（2020）『頭のよさはノートで決まる』（大和書房、118 ページ）
5. 「ノートの取り方」https://sanroku-go.com/archives/4579　2022 年 2 月 20 日閲覧

第 3 章　リーディングの基本

1. イング（2021）『社会で使う言語基礎』（アカデミック・レボ）
2. 学習技術研究会　代表上村和美（2015）『知へのステップ第 4 版』（くろしお出版、33 ページ）
3. 倉島保美（2012）「『文学的な文章』と『論理的な文章』その違いを明快に整理します」
   https://gendai.ismedia.jp/articles/-/34145?page=3　2021 年 9 月 26 日閲覧
4. 司馬遼太郎（1996）『坂の上の雲』（文春文庫、7 ページ）
5. 新村出編（2008）『広辞苑第六版』（岩波書店）

6.　西東社編集部編（2021）『使える語彙力』（西東社）

7.　毎日新聞（2021）8 月 8 日付朝刊社説「脱炭素化の行動計画　危機感の共有が不可欠だ」

8.　モーリス・ルブラン（1990）「白鳥の首のエディス」『リュパンの告白』所収（井上勇訳、創元推理文庫、167
ページ）

第 4 章　リーディングの応用

1.　青木冨美子（2021）「米作家ピート・ハミルの死から 1 年、妻・青木冨貴子がつづるハミルの声と『真実』」
（ニューズウィーク日本版 2021 年 8 月 5 日）

　https://www.newsweekjapan.jp/stories/us/2021/08/1-200.php　2021 年 9 月 1 日アクセス

2.　新井紀子著（2018）『AI vs. 教科書が読めない子どもたち』（東洋経済新報社、200 ページ）

3.　井出英策他（2017）『大人のための社会科　未来を語るために』（有斐閣、214 〜 216 ページ）

4.　イング（2021）『社会で使う言語基礎』（アカデミック・レボ、109 ページ）

5.　日本経済新聞（2021）8 月 6 日付け朝刊「AI 時代、問われる「読む力」」

第 5 章　情報収集の方法 ── 新聞の読み方など

1.　池上彰、佐藤優著（2016）『僕らが毎日やっている最強の読み方』（東洋経済新報社）

2.　石原千秋（2006）『大学生の論文執筆法』（ちくま新書）

3.　追手門学院大学図書館「図書館利用案内」のビデオ

　https://mvp.otemon.ac.jp/Mediasite/Play/5156569f9f104d7a8d57679a3967dec61d

4.　グーグルニュース 2021 年 8 月 11 日午前 11 時時点

5.　新聞通信調査会（2023 年）10 月 14 日「メディアに関する全国世論調査結果の概要　2023」

　https://www.chosakai.gr.jp/wp/wp-content/themes/shinbun/asset/pdf/project/notification/yoron2023press.
pdf　2024 年 2 月 20 日閲覧

6.　総務省「メディアに対する信頼」『令和 3 年版　情報通信白書』

　https://www.soumu.go.jp/johotsusintokei/whitepaper/ja/r03/html/nd125220.html　2024 年 2 月 20 日閲覧

7.　日本新聞協会「新聞の発行部数と世界数の推移」

　https://www.pressnet.or.jp/data/circulation/circulation01.php　2024 年 2 月 20 日閲覧

8.　日本図書館協会「図書館について」https://www.jla.or.jp/library/tabid/69/Default.aspx　2023 年 2 月 3 日閲
覧

9.　ヤフーニュース 2021 年 8 月 11 日午前 11 時時点

第 6 章　事実とは何か ── ニュースの判断

1.　池上彰（2013）『池上彰の新聞勉強術』（文春文庫）

2.　NHK（2022）10 月 1 日「『ステルスマーケティング』は『不当表示』きょうから規制」

　https://www3.nhk.or.jp/news/html/20231001/k10014211891000.html　2023 年 11 月 18 日閲覧

3.　烏賀陽弘道（2017）『フェイクニュースの見分け方』（新潮新書、225 ページ）

4.　岡田豊（2022）3 月 8 日「これがないから日本の新聞は信頼されない」NY タイムズの政治報道にある重要な
大原則（PRESIDENT Online）https://president.jp/articles/-/55039

5.　小木曽健（2019）『ネットで勝つ情報リテラシーあの人はなぜ騙されないのか』（ちくま新書）

6.　週刊ダイヤモンド（2023）3 月 15 日「ウクライナで氾濫する SNS のフェイクニュースに騙されない方法とは」

　https://diamond.jp/articles/-/299019?page=4　2024 年 2 月 21 日閲覧

7.　読売新聞（2022）12 月 19 日「日本で過激化する『陰謀論』信者…ドイツで政府転覆計画、日本でも影響広がる」

　https://www.yomiuri.co.jp/national/20221219-OYT1T50053/　2023 年 11 月 18 日閲覧

8.　読売新聞（2022）2 月 10 日「TikTok、ステマ報酬 7,600 万円…運営会社がインフルエンサー 20 人に支払い」

https://www.yomiuri.co.jp/national/20220210-OYT1T50071/　2022 年 3 月 2 日閲覧

9.　東京新聞（2021）6 月 2 日付け「陰謀論 Q アノンの信奉者 3,000 万人？　アメリカの研究所調査　衝撃的だ」

　　https://www.tokyo-np.co.jp/article/108201　2021 年 8 月 7 日閲覧

10.　日本経済新聞（2022）1 月 25 日付け朝刊「TikTok に焦りも一般投稿を装い宣伝、短い動画参入相次ぐ」

11.　日本経済新聞（2022）2 月 20 日付け朝刊「ディープフェイク 規制論 AI で偽動画・音声、安保リスクも」

12.　ハフィントンポストウェブ版より　2021 年 8 月 11 日閲覧

　　https://www.huffingtonpost.jp/2017/01/24/alternative-fact_n_14353718.html

13.　BBC NEWS JAPAN（2017）1 月 22 日「トランプ氏、就任式の人数めぐり報道を『嘘』と攻撃　比較写真を否定」https://www.bbc.com/japanese/38709628　2024 年 2 月 20 日閲覧

14.　平和博「ウクライナ侵攻で氾濫するフェイク動画・画像の 3 つのパターン」ヤフーニュース

　　https://news.yahoo.co.jp/byline/kazuhirotaira/20220304-00284868　2022 年 3 月 7 日閲覧

15.　ニーナ・シック、毎日新聞（2022）「ディープフェイク最大の脅威は「うそつきの配当」」

　　https://mainichi.jp/articles/20220108/k00/00m/030/206000c　1 月 9 日閲覧

16.　毎日新聞（2022）「Q アノンが招いたカオス」

　　https://mainichi.jp/articles/20220104/k00/00m/030/249000c　1 月 7 日閲覧

17.　Omand ,David.（2020）*How Spies Think* ／月沢季歌子訳（2022）『イギリス諜報機関の元スパイが教える最強の知的武装術』（ダイヤモンド）

18.　Rosling, Hans. Rosling, Ola. Rönnlund, Rosling Anna.（2018）Factfulness AB ／上杉周作、関美和訳（2019）FACTFULLNESS（日経 BP）

19.　Attali, Jacques.（2021）*HISTORES DES MÉDIAS* ／林昌宏訳（2021）『メディアの未来』（プレジデント）

20.　WHO「The Global Health Observatory」のホームページ「Global Health Estimates」https://www.who.int/data/gho/data/themes/mortality-and-global-health-estimates　2022 年 3 月 8 日閲覧

第 7 章　ライティングの道 1　文章のルール

1.　石原千秋（2006）『大学生の論文執筆法』（ちくま新書、39 ページ）

2.　井下千以子他（2020）『レポート・論文作成法 第 3 版』（慶応義塾出版会）

3.　上野郁江（2018）『才能に頼らない　文章術』（ディスカヴァー・トゥエンティワン）

4.　戸田山和久（2022）『最新版　論文の教室　レポートから卒論まで』（NHK ブックス）

5.　富山県「犬の身体能力」2021 年 8 月 12 日閲覧

　　https://www.pref.toyama.jp/1207/kurashi/seikatsu/seikatsu/doubutsuaigo/library/ability1.html

6.　新田誠吾（2021）『レポート論文のまとめ方』（すばる舎）

7.　藤吉豊、小川真理子（2021）『「文章術ベストセラー 100 冊」のポイントを 1 冊にまとめてみた』（日経 BP 第 4 冊）

8.　毎日新聞（2021）8 月 12 日付け朝刊社説「国の半導体産業支援　民間の力引き出す戦略を」

第 8 章　ライティングの道 2　言葉選びと構成

1.　イング（2021）『社会で使う言語基礎』（アカデミック・レボ、55-58 ページ）

2.　戸田山和久（2022）『最新版　論文の教室　レポートから卒論まで』（NHK ブックス、163-171 ページ）

3.　毎日新聞（2022 年）2 月 13 日付け朝刊社説「外来生物への対策　深刻な脅威知ることから」

4.　毎日新聞（2022 年）3 月 23 日付け朝刊余録「「アンタッチャブル」の銃撃戦で…」

5.　正村公宏（2010）『日本の近代と現代　歴史をどう読むか』（NTT 出版、8-10 ページ）

第 9 章　実践ライティング 1　読書感想文（書評）

1.　苅谷剛彦ら（2019）『ことばの教育を問いなおす』（ちくま新書、227-228 ページ）

2.　「書評」の書き方とは？　ブログ・大学の課題で使えるポイント https://biz.trans-suite.jp/50324#i-2　2021 年 9

月9日閲覧

3. 銅直信子、坂東実子（2021）『大学生のための文章表現＆口頭発表練習帳 改訂第2版』（国書刊行会、94ページ）

4. 日本漢字能力検定協会（2021年）2月2日「Withコロナ時代のテレワークに関する意識調査」 2022年3月12日閲覧

5. 日本漢字能力検定協会「2016年度新入社員へのアンケート調査結果」
　https://kyodonewsprwire.jp/release/201606081431　2022年3月12日閲覧

第10章　実践ライティング2　レポート

1. 井下千以子他（2020）『レポート・論文作成法 第3版』（慶応義塾出版会）
2. 追手門学院大学 成熟社会研究所編（2020）『一人で思う、二人で語る、みんなで考える』（岩波ジュニア編）
3. 学習技術研究会編著（2015）『知へのステップ 第4版』（くろしお出版）
4. 片岡信之他（2010）『論文作成ガイドブック 改定版』（文眞堂）
5. 戸田山和久（2022）『最新版 論文の教室　レポートから卒論まで』（NHKブックス）
6. 成瀬尚志（2020）『学生を思考にいざなうレポート課題』（ひつじ書房）

第11章　ライティング補足　インタビュー・自分史

1. 追手門学院大学 成熟社会研究所編（2020）『一人で思う、二人で語る、みんなで考える』（岩波ジュニア編）
2. 永江朗（2002）『インタビュー術！』（講談社現代新書）
3. 毎日新聞（2021）8月8日付朝刊「自分史を書きたい」

第12章　プレゼンテーションの基本

1. 岸啓介（2018）『プレゼン上手の一生使える資料作成入門』（インプレス）
2. 高田貴久（2016）『ロジカル・プレゼンテーション』（英治出版、73、75ページ）
3. 直江健介（2020）『プレゼンテーション入門』（慶応義塾大学出版会）
4. リブロワークス（2021）『Power Point ビジネス作図』（技術評論社）

第13章　グループディスカッションの手順と方法

1. 伊藤羊一（2022）『僕たちのチームのつくりかた』（ディスカヴァー・トゥエンティワン）
2. 斉藤徹（2022）『だから僕たちは組織を変えていける』（クロスメディア・パブリッシング）
3. 高田貴久著（2020）『面接・グループディスカッション対策』（日経HR編集部）
4. 西口利文著（2015）『グループディスカッションのためのコミュニケーション演習』（ナカニシヤ出版）
5. 吉田雅裕著（2014）『議論する力を鍛えるディスカッションノート』（東洋経済新報社）
6. リクナビ「グループディスカッションとは？ 流れやポイントを紹介」
　https://job.rikunabi.com/contents/interview/4556/#i　2022年2月24日閲覧
7. レジュメの作り方「立命館大学国際関係学部IRナビ」
　http://www.ritsumei.ac.jp/ir/ir-navi/technic/technic03.html/　22月3月31日閲覧

14章　出口戦略を考える

1. 朝日新聞（2020年）2月27日「相対的貧困とは？」
　https://www.asahi.com/sdgs/article/14844785#h2sledtt5br159f27ge2l1yf1j51qrl　2023年9月27日閲覧
2. SMBC日興証券「初めてでもわかりやすい用語集」
　https://www.smbcnikko.co.jp/terms/japan/ka/J0639.html　2023年10月28日閲覧
3. 追手門学院大学（2020）「企業研究ワークノート」

4. 追手門学院大学（2023）「学びのガイドeブック　卒業までの道しるべ」（追手門学院大学）

5. 「英国で平均寿命が伸びない理由」ニューズウィーク日本版
   https://news.yahoo.co.jp/articles/12c77d327c38c51f646f64477b258ec14ffeaea7?page=2　2023年8月4日閲覧

6. 木内登英（2022年2月1日）「『新しい資本主義』の源流はステークホルダー資本主義：政府主導の企業経営改革に課題」　https://www.nri.com/jp/knowledge/blog/lst/2022/fis/kiuchi/0201_2　2023年9月19日閲覧

7. 経産省委託、みずほ情報総研（2019年3月）「起業家精神に関する調査」
   https://www.meti.go.jp/policy/newbusiness/main_01/press001/GSE2019_1.pdf　2023年9月20日閲覧

8. 幻冬舎 GOLD ONLINE（2023年3月9日）「平均年収は韓国より下」
   https://news.yahoo.co.jp/articles/dcb3cdbeb63f39e16c6175b634f5c583c1566b61　2023年8月12日閲覧

9. 小林慶一郎（2024）『日本の経済政策「失われた30年」をいかに克服するか』（中公新書12ページ）

10. 人事ZINE（2023年7月7日）「新卒の売り手市場はいつまで続く？　企業規模・業種別データ」
    https://offerbox.jp/company/jinji-zine/shinsotsu-urite/　2023年8月26日閲覧

11. 高山武士、ニッセイ基礎研究所（2021年4月8日）「欧米でも日本化が進むのか　日米欧の経済成長を雇用・所得の面から捉える」
    https://www.nli-research.co.jp/report/detail/id=67452?pno=2&site=nli　2023年8月26日閲覧

12. 中小企業庁「2020年半中小企業白書」「起業の実態の国際比較」
    https://www.chusho.meti.go.jp/pamflet/hakusyo/H29/h29/html/b2_1_1_2.html　2023年5月9日閲覧

13. 東洋経済オンライン（2023年10月30日）濱口桂一郎・労働政策研究所長インタビュー「ジョブ型の名付け親が斬る日本企業の現在地」https://toyokeizai.net/articles/-/709575

14. 東洋経済オンライン（2023年7月5日）太田洋：弁護士、NY州弁護士「米国でも実は「株主第一主義の修正」進む納得事情」https://toyokeizai.net/articles/-/682926?display=b　2023年8月4日閲覧

15. 東洋経済オンライン（2013年11月24日）「富士フイルムはなぜ、大改革に成功したのか　古森重隆・富士フイルムホールディングス会長・CEOに聞く」（2024年1月30日閲覧）

16. 東洋経済オンライン（2022年2月15日）「内定の競争率が高い会社　ランキングTOP100」
    https://toyokeizai.net/articles/-/511036　2023年10月22日閲覧

17. 東洋経済オンライン（2023年4月3日）「2.5万人の学生が選んだ就職人気ランキング」
    https://toyokeizai.net/articles/-/663248　2023年5月12日閲覧

18. 日経ビジネス（2023年2月15日）「大転職時代の到来　転職希望者は増加し続ける」
    https://business.nikkei.com/atcl/gen/19/00538/021400001/?P=2　2023年8月27日閲覧

19. 日本経済新聞（2021年12月27日）「世界の超富裕層1%、資産の37%独占」
    https://www.nikkei.com/article/DGXZQOCB272Q20X21C21A2000000/　2023年8月26日閲覧

20. 日本政策金融公庫総合研究所（2022年11月30日）「2022年度新規開業実態調査」
    https://www.jfc.go.jp/n/findings/pdf/kaigyo_221130_1.pdf　2023年8月27日閲覧

21. 日本大百科全書「「新自由主義」の意味」
    https://kotobank.jp/word/%E6%96%B0%E8%87%AA%E7%94%B1%E4%B8%BB%E7%BE%A9-298677　2023年9月30日閲覧

22. News Picks「2022年スタートアップ調達トレンド」
    https://newspicks.com/news/8032712/body/　2023年5月10日閲覧

23. マイナビ（2023年4月）「マイナビ2024年卒大学生就職意識調査」
    https://career-research.mynavi.jp/reserch/20230425_49065/　2023年8月13日閲覧

24. 正村公宏（2010）『日本の近代と現代　歴史をどう読むか』（NTT出版、328-329ページ）

あとがき

1. 新井紀子著（2018）『AI vs. 教科書が読めない子どもたち』（東洋経済新報社）

2. 池上彰、佐藤優著（2016）『僕らが毎日やっている最強の読み方』（東洋経済新報社）

3. 幸田露伴（2021）『努力論』（岩波文庫、159-160 ページ）

4. 西垣通（2023）4 月 7 日付け夕刊「この国はどこへ これだけは言いたい」（毎日新聞）

5. 柳川範之（2022）3 月 15 日付け朝刊「人間中心の人的資本投資を」（日本経済新聞）

6. McKeown, Greg.（2021）*effortless* ／高橋璃子訳（2021）『エフォートレス思考　努力を最小化して成果を最大化する』（かんき出版）

7. Gratton, Lynda. Scott, Andrew.（2016）*THE 100-YEAR LIFE* ／池村千秋訳（2017）『ライフシフト　100 年時代の人生戦略』（東洋経済新報社）

■著者略歴

藤好　陽太郎　（ふじよし　ようたろう）

追手門学院大学経済学部経済学科教授

1964 年生まれ。東北大学経済学部卒業後、毎日新聞社入社。東京本社経済部、ロンドン支局などを経て、大阪本社経済部長、論説委員を歴任。2018 年から同大教授。

主な共著に『あなたの値段　当世給料事情』（毎日新聞出版）、『民主帝国アメリカの実像に迫る』（毎日新聞出版）。

■イラスト

横田　詞輝　（よこた　しぎ）

イラストレーター、毎日新聞客員編集委員

1964 年生まれ。立命館大学経済学部卒業。主な作品に 1998 年から 2023 年まで 25 年間にわたり毎日新聞の土曜朝刊に連載した、その時々の出来事や世相を描いた「経世済民術」などがある。

活躍できる社会人になれる教科書

2024 年 4 月 30 日　初版第 1 刷発行

■著　　者 ── 藤好陽太郎
■発 行 者 ── 佐藤　守
■発 行 所 ── 株式会社 **大学教育出版**
　　　　　　　〒700-0953 岡山市南区西市 855-4
　　　　　　　電話（086）244-1268　FAX（086）246-0294
■印刷製本 ── モリモト印刷 ㈱

ISBN978-4-86692-299-7